カウンセリング実践の土台づくり

学び始めた人に伝えたい心得・勘どころ・工夫

吉良安之
Kira Yasuyuki

岩崎学術出版社

まえがき

　本書は，カウンセリングの実習や実践を始めて間もない人から臨床経験10年くらいまでの人を対象にして，カウンセラーとしての土台づくりに役立ててもらいたいと考え，カウンセリングの心得や勘どころ，そして実践上の工夫などを論じたものである。

　本書に述べた内容の一部は，いくつかの大学で臨床心理学を学ぶ大学院生に向けて講義を行い，彼らとやりとりをしながら，刺激を受けて考えてきたことが基になっている。以下に簡単に，本書の内容を紹介しよう。

　第1部（第1章）では，カウンセラーとしての基本姿勢と考えられることを述べている。カウンセリングの専門職者になっていくうえでの学び方やその道筋，自分自身の心理的課題とのつきあい方，責任を負うことの捉え方，守秘を身につけることの意味，そしてカウンセリングにおける援助・被援助の相互性などについて論じている。

　第2部（第2章〜第3章）では，カウンセリングの導入期において行うべきことと，その実践上の留意点について述べている。導入期は，クライエントとカウンセラーがお互いに相手を確かめながら，カウンセリングを始めるかどうか，それをどのような場にしていくのかを考えていく時期である。第2章では，カウンセラーがクライエントの主訴を聞きつつ，そこからさまざまなことを読みとり，それをもとにアセスメントを行う作業について論じる。特に，主訴を聞くことでクライエントに生じる複雑な動きを感じとることが，その後のカウンセリングの作業の出発点になることを論じている。そして第3章では，さまざまな角度から導入期における実践上の留意点を論じている。

　第3部（第4章〜第9章）では，カウンセリングの継続と展開のなかで生じることや，それぞれの局面で留意しておくべき事項について述べている。第4章では傾聴を基盤にして行われる関係づくりについて，第5章ではクライエントの語る体験内容へのアプローチとしての働きかけと支えについて，

第6章では言葉による表現と対比しながらクライエント・カウンセラー双方のノンバーバルな表出の捉え方とその臨床上の意義について論じている。第7章では筆者が長年経験してきたフォーカシングの考え方をもとに，クライエントの内面への向き合い方の諸相を示すとともに，体験様式に働きかけることの重要性を論じ，第8章では体験様式の観点にもとづいて，カウンセリングが目標とすべき方向性と，そこに至る進行過程を示している。そして第9章では学生相談の一事例を素材にして，体験的距離を調整することによって生じる変化の様相や，そのための工夫について検討している。

　第4部（第10章〜第11章）では，面接のなかでカウンセラーに生じる「感じ」の重要性と，カウンセリングを進めるうえでのその活かし方について述べている。第10章では追体験の姿勢でクライエントに関わるなかで生じるカウンセラーの感じを4つに分けて論じるとともに，筆者が開発したセラピスト・フォーカシングを紹介している。第11章ではある物語を素材にして，それをさらに深めて論じている。

　第5部（第12章〜補論）では，カウンセリングを実践するうえでカウンセラーが念頭に置くべきことを述べている。第12章では筆者の職場である学生相談について紹介しながら，各自がそれぞれの臨床の場で工夫すべきことを論じている。そして補章では，カウンセリング実践上の留意事項を論じている。

＊　　＊　　＊　　＊　　＊

　本書で紹介しているいくつかの事例は，筆者の臨床フィールドである学生相談のものである。また，筆者のカウンセリングについての考え方の背景には，フォーカシングの視点が存在している。これらのことは本書での論述に特徴を与えているが，しかし本書ではできるだけ筆者個人の立ち位置に留まらず，カウンセリングを学び始めた人たちに共通して身につけてもらいたいこと，念頭に置いてもらいたいことを論じたつもりである。カウンセリングを実践する専門職者になっていくための「土台」に相当する部分を丁寧に，かつしっかりと固めていくことが，後になってぶれない，臨床家としての基盤になると考えるからである。

本書のそれぞれの章で論じた内容は，つながり合い，一部で重なり合っている。直線的ではなく，らせん式に進んでいくような書き方になっている。前の方で論じたことを，後の方で再度取り上げ，膨らませたり深めたりしながら論じているからである。カウンセリングという一つの実体について論じようとすると，それについてさまざまな角度から触れつつ，かつ，浅いところから深いところへと論点を進めていくような書き方になってしまうことを実感している。

　このため読者の方には，後の方を読みながら前に戻って確認し，さらに読み進める，というような作業をお願いしたい。そのために，内容のつながったところには，なるべく前出や後出のページ数字を記載している。

　さて，本書はカウンセリングを学び始めた人たちに読んでいただくことを念頭に置いて書かれているが，本書の後半（第6章以降）の体験様式や体験的距離の調整，それにもとづいたカウンセリングの目標や進行過程，そしてカウンセラー自身の感じの活かし方などの論述は，中堅やベテランの方々にも読んでいただきたい内容である。これらは，筆者が臨床経験を積むなかであれこれと考えてきたことを整理しつつ，論述したものである。他の臨床家の方々はこれを読んで，どのように考えられるであろうか。意見を聞かせてもらえると，ありがたい。

　本書は多くのクライエントの方々と出会い，やりとりをしてきた経験をもとに書かれたものである。カウンセリングについて考える機会を与えて続けてくれているクライエントの方々に感謝したい。なかでも特に，本書に事例として記載することを許可して下さった方々に，深くお礼を申し上げます。

　また，同じ職場でともに学生相談の仕事を行ってきたカウンセラー諸氏をはじめ，これまでにさまざまな場でカウンセリングについて議論したり，コメントをいただいたりした多くの先生方にも感謝したい。本書で論じたことのなかには，どなたかが語ったことを聞いたり，書かれたものを読んだりしたことが元になって，自分のなかで連想が拡がり，自分の考えのようになっているものが多々あるように思う。そのすべてを文献として引用することはできていないかもしれないが，ご容赦いただきたい。

末尾になったが，岩崎学術出版社編集部の布施谷友美氏および長谷川純氏には，大変お世話になった。布施谷氏にカウンセリングについての書籍を書くことをご提案いただいてから，果たしてまとまったものが書けるだろうかと長く思案したが，ようやく構想をまとめ，それについてご意見をいただくことにより，少しずつ内容が具体化していった。そしてようやく完成させることができた。心よりお礼を申し上げたい。

2014 年 12 月

吉良安之

目　　次

まえがき　iii

第 1 部　実践の前に考えておくべきこと

第 1 章　カウンセラーとしての基本姿勢
　　　　　──心理臨床を学ぶ人へ　2
　　1．でこぼこの地面の上に家を建てる　2
　　2．自分の個人的課題とのつきあい方　4
　　3．援助・被援助の相互性の原理　7
　　4．責任を負うことの捉え方　10
　　5．訓練によって守秘を身につけることの意味　13
　　6．からだの正面で受けとめる　16
　　7．理論や技法とのつきあい方　17
　　8．実践にもとづいた学びの道筋　19

第 2 部　カウンセリングへの導入

第 2 章　カウンセリングの始め方　24
　　1．主訴を丁寧に聞く　24
　　2．主訴を聞くことで原苦慮やそれに対する態度を感じ取る　27
　　3．主訴に近い背景を聞く　31
　　4．主訴からやや遠い背景を聞く　33
　　5．主訴の背景にある問題を見立てる　34
　　6．専門職としての判断を伝え進め方を提案する　35

第 3 章　カウンセリングを始める時期の留意点　37
　　1．聞かれている理由がクライエントにわかるようにする　37
　　2．聞くことは関係づくりである　39

3. 仮説を立てて検証するように聞く　*41*

4. 時間の制限のなかで重要なことから進めていく　*44*

5. 「聞く」と「聴く」のバランスをとる　*45*

6. 複数の人が相談に訪れた場合の対応　*48*

第3部　カウンセリングの継続と展開

第4章　傾聴を基盤にした関係づくり　*52*

1. 同じ方向を向いて協働する関係づくりとそのモニタリング　*52*

2. 聴くこと（傾聴）の意義　*56*

3. 体験的応答の原則　*57*

4. 傾聴について注意が必要な様相　*61*

5. 二者関係の話題の取り扱い　*64*

第5章　体験内容への働きかけと支え　*71*

1. 体験内容への働きかけ　*71*

2. 「聴く」と「訊く」　*72*

3. 問題の焦点の明確化と意味の提示　*75*

4. 注意の仕方の2種とその間の往復　*77*

5. 体験的軌道に沿った働きかけ　*79*

6. 支えの機能　*81*

第6章　言葉による表現とノンバーバルな表出　*84*

1. ノンバーバルな表出の重要性　*84*

2. 言葉と表出の関係　*85*

3. ノンバーバルな表出の相反する2つの特徴
   ——言葉との対比　*86*

4. クライエントからの表出と言葉を重ねて読む　*88*

5. カウンセラーの表出と言葉での表現　*89*

6. カウンセラーの表出がクライエントに変化をもたらす側面　*91*

第7章　内面への向き合い方の諸相と体験様式への働きかけ　*94*

1. 体験および体験様式――内面への向き合い方　　94
　　　2. 体験様式の諸相（1）――内面への接近困難の様相　　96
　　　3. 体験様式の諸相（2）――内面の情動に圧倒される様相　　99
　　　4. 体験的距離の観点――フォーカシングからの示唆　　102
　　　5. 体験的距離が遠すぎる場合の働きかけ　　104
　　　6. 体験的距離が近すぎる場合の働きかけ　　105
　　　7. 傾聴と体験的距離　　106
　　　8. カウンセラーによる働きかけの2つの相
　　　　　――体験内容と体験様式　　108

第8章　カウンセリングの目標と進行過程　　110
　　　1. 主体感覚　　110
　　　2. 「感じ」を味わう――フェルトセンス　　113
　　　3. クライエントのなかに傾聴の機能を育てる　　114
　　　4. カウンセリングの目指す目標　　116
　　　5. カウンセリングの進行過程と体験の変化　　117

第9章　体験的距離の調整――学生相談の一事例からの示唆　　121
　　　1. 本事例を理解する視点――解離性障害について　　121
　　　2. カウンセリング面接の経過　　122
　　　3. カウンセリングの進行過程　　133
　　　4. 体験の距離感に関するカウンセラーの工夫　　135

第4部　カウンセラー自身の内面へのまなざし

第10章　カウンセラー自身の「感じ」の整理と活用　　140
　　　1. カウンセラー自身の「感じ」に目を向ける　　140
　　　2. 追体験によって生じる「感じ」　　141
　　　3. 追体験のしにくさから生じる「感じ」　　142
　　　4. カウンセラーに「情動」が生じる場合　　144
　　　5. 内側からの声を聴くことの大切さ　　146
　　　6. セラピスト・フォーカシングの方法　　147
　　　7. セラピスト・フォーカシングの意義　　152

第11章　導き手としての暗在的「感じ」――ある物語の考察　*155*
 1. ラフカディオ・ハーンによる物語『常識』の紹介　*155*
 2. 僧の欲望について　*157*
 3. 僧の内面の暗在的「感じ」　*158*
 4. 暗在的な「感じ」が明示的になるプロセス　*159*
 5. カウンセラー自身の「感じ」の意義　*161*
 6. 「感じ」をフェルトセンスとして捉えること　*162*
 7. 素人であることの大切さ　*163*

第5部　実践にあたって念頭においてほしいこと

第12章　それぞれの臨床の場について考える
  ――学生相談に関する考察から　*166*
 1. この章のねらい　*166*
 2. 責任の範囲　*167*
 3. 何を問題として扱うのか
  ――心の問題と現実的課題との狭間で　*169*
 4. 心理的援助のスタイルづくり
  ――クライエントの文脈に沿って考える　*171*

補　論　カウンセリング実践に関する覚え書き
  ――まとめに代えて　*174*
 1. 思考や態度の柔軟さ・なめらかさ・瑞々しさ　*174*
 2. 揺さぶられる能力と揺るがないでいる強さ
  ――柳の木のイメージ　*175*
 3. 感じること・考えること・表現することの円環運動　*176*
 4. クライエントに向ける心的エネルギー量を一定に保つ　*177*
 5. 変化の少ない面接の繰り返しにも意義を見つける　*178*
 6. 細かなところを丁寧に　*179*
 7. 自分の心を大切に扱う　*180*

文　献　*183*

索　引　*187*

第 1 部
実践の前に考えておくべきこと

第 1 章

カウンセラーとしての基本姿勢
　——心理臨床を学ぶ人へ

　この章ではまず，これから心理臨床を学んでいこうとしている人たちに向けて，カウンセラーとしての基本的な姿勢と考えられることを論じていく。カウンセラーという専門職者になっていくにはどのようなことを身につけていく必要があるのか，どのような姿勢でカウンセリングを学んでいくべきなのか，そしてその道のりはどのようなものなのかなどについて，筆者が自身の経験のなかで折々に考えてきたことを述べていくことにしたい。

1．でこぼこの地面の上に家を建てる

　まず伝えたいことは，カウンセラーになることを志してその学習を始める前から，その人はさまざまな人間関係を経験し，そのスキルを多様に身につけてきている，ということである。カウンセラーとしての学習を始める年齢が20歳を少し過ぎた頃だとすると，それまでの20年間にその人は数多くの人間関係を経験してきている。そしてそれらの経験には，さまざまな感情や感覚が伴っていただろう。

　それらを通じて，その人は人間関係のスキルを身につけてきている。人と親密になる方法や寄りかかる方法，人への不満の表現の仕方や対立したときの修復の仕方，困っている人を手助けしたり逆に手助けを求める方法などもあるだろうし，年長者や年少者への関わり方，同性や異性への関わり方などもあるだろう。

　私たちはカウンセラーとして，さまざまな対人スキルを身につけていく必要があるが，以上のことを考えると，その学習は決して白紙から始めるもの

ではないことがわかる。カウンセラーであろうがなかろうが，私たちは皆，人間関係について数多くの経験を積み，そのノウハウを身につけてきているのである。

　しかしそのような蓄積は，カウンセリングの学習を進めるうえで，プラスにもなればマイナスにもなる。なぜなら，そこには「クセ」ないし「偏り」が存在するからである。私たちは誰もが，人づきあいについての「でこぼこ」を有している。人に依存したり頼ったりすることが上手な人もいれば苦手な人もいる。人への関わりにおいて距離をとりがちな人もいればすぐに近づく人もいる。人に不満を表現することについての得意や不得意もあるだろう。また，対人関係に関連した寂しさや悲しさを数多く経験してきた人もいれば，それらをあまり経験せずに温かさや優しさをたくさん経験してきた人もいる。私たちは皆，どこかにこのような偏りを抱えているのである。

　自分がカウンセラーになっていくことを家を建てることに譬えると，その家を建てるべき地面は，でこぼこの状態だと考えた方がよいだろう。きちんと整地されて平らにならされた土地ではなく，へこんだ所や突き出した所があるのである。

　だとしたら，まずは整地をすべきだろうか。しかし，人間関係の経験についての整地を行うのは，きわめて難しい。それは人生をやり直すようなものだからである。ベテランのカウンセラーとされているような多くの臨床家を見ても，それぞれの人が個性やクセをもっていると感じられる。つまり，地としてのその人の人間関係のスタイルは，それぞれがでこぼこを抱えていると言えそうである。しかしカウンセラーの仕事をしていくうえでは，ベテランの臨床家はいろんな局面に対処できるようなスキルを身につけている。へこみを補ったり，出っ張りを上手に利用したりできるようになっているのだと思う。

　筆者は，きちんと整地をすることよりも，でこぼこを自覚することの方が大事だと考えたい。自分の人間関係のクセや偏りに気づき，それを前提にしてカウンセラーとしての家を建てるのである。初心のカウンセラーは，カウンセリングを行うなかで，自分が苦手な状況やうまく動けない場面に出会う

ことになるだろう。そのようなときにスーパーバイザーからコメントをもらい，もっとうまく動けないものかと歯がゆい思いをすることもあるだろう。そのような経験をするなかで，自分が身につける必要のあることが見えてくるだろうし，逆にカウンセラーとして自然にうまくふるまえる面にも気づいていくのである。このように，カウンセラーは経験を積むなかで，自分に足りないところを補い，得意なところは伸ばすような方向で学習を続けるのである。

　筆者は，建てるべき家の形も，地面のでこぼこの状態によって異なるのではないかと考える。カウンセリングないし心理療法にはさまざまな学派があり，それらを統合しようとする動向もある一方で，それぞれの考え方の間には簡単には埋めることのできない大きな隔たりがあるのも事実である。筆者には，この隔たりは，人間観，人生観などにもつながる根本的なもののように思える。その人の個人としての人間関係の経験だけでなく，その背景にある長年にわたる歴史や文化も含めた違い。このような土台の性質や特性によって，指向するカウンセリングの姿はかなり影響されるのではないだろうか。そしてこの観点から細かく見れば，カウンセラー一人ひとりがそれぞれの学派を形成していると言ってもよいのかもしれない。各人が独自のカウンセリングのかたちを作っているのである。

　肝心なことは，でこぼこの地面の上に，自らの特性に合った家を建てるという気概をもつことである。カウンセラーとしての自分の学習の道のりは，体感を通じて自分で見つけていかなければならない。誰かに教えてもらった道筋が最良というわけにはいかないのである。

2. 自分の個人的課題とのつきあい方

　カウンセリングにおいて一般に用いられる「事例」という用語は，クライエントとなった特定個人やその人の置かれている状況のみを指すものではない。それは，心理面での援助者であるカウンセラーとクライエントとの関わりの様相をも包含する用語である。つまり，「事例＝クライエント×カウン

セラー」と考えておく必要がある。

　このため，事例が展開していく過程には，カウンセラー自身の心理的傾向や特性が何らかのかたちで反映される。その度合いはうっすらとしたものだったり，色濃かったりするが，多かれ少なかれ，カウンセラー自身の姿が映し出されるのである。

　そのことをカウンセラーが強く自覚するのは，カウンセリングがうまく進まず，カウンセラーとして十分に機能できていないと感じるときであろう。たとえば，初心のカウンセラーであったら，「クライエントとの関係が表面的なものになってしまって，そこからもう一歩踏み込んだやりとりをすることができない」とか，「クライエントが周囲の人たちのことを激しい言葉で批判するのに対して，何と返していいかわからず硬直してしまう」というような状況である。

　そのような状況を経験するなかで，カウンセラーは自分自身の個人的課題への直面を余儀なくされる。自分の人間関係のスタイルや，問題を処理する仕方，身の守り方などで，以前からうまくやれずに回避してきたこと，苦手意識を抱いてきたこと，失敗したと繰り返し感じてきたことなどが，カウンセリング場面とつながって思い起こされるのである。

　このような直面化は，カウンセラーの学習として，とても大切なことである。スーパービジョンを受けたり，自分の担当事例を検討会で聞いてもらったりするなかで，スーパーバイザーや他のカウンセラーからもらったコメントが心に引っ掛かって残り，それをきっかけにして自分の個人的課題に向き合うことも多いのではないだろうか。そのような機会を得られるのは，大変貴重である。もしそのような機会がなく，「何となく，カウンセリングがうまくいかない」と感じたまま，素通りしてしまうと，「何となく」が明確化されずにそのまま残り，停滞してしまうからである。

　さて，カウンセラー同士の間ではよく，「自分の個人的課題はあって当然だけれど，それをちゃんと解決できていないとカウンセリングはできないよ」と語られる。確かにそうなのかもしれないが，筆者は少し違った考えをもっている。個人的課題の解決は，とても難しいと感じるからである。筆者がか

つて青年期の頃に自分の個人的課題と感じていたことは，その尖り具合はだいぶ減ったと感じるものの，課題自体が「解決された」とは言いがたいように思う。やや，あきらめの感があるのも事実である。むしろ，あきらめられるようになった，と肯定的に捉えているところもある。つまり，自分にとってのそのことの深刻度が減少したということである。

　そのような経験からすると，自身の個人的課題に直面するさい，それを解決することよりも，それに向き合ってそれとつきあい続けることの方が重要なのではないかと筆者は考える。自分の課題に耳を傾けたり，なだめすかしたり，しばらく忘れたり，折り合ったり，時には説教をしたりするなどの内的作業の継続である。そのようにして自分の課題に向き合い続けるなかで，その課題をとても煩わしく感じたり，扱いにくくてどうにもならないと感じることがあるだろう。あるいは，それに対処できない自分に対して歯がゆさや情けなさを感じるかもしれない。

　それらの思いや気持ちは，クライエントが自分の抱える問題について感じていることと共通しているのではないか。クライエントも同じように，自分の問題に向き合わざるをえなくなって，さまざまな思いを感じているのではないか。このように考えることによって，クライエントが現在感じていることを体感として感じ取るチャンスをつかめるかもしれない。

　また，そこから，クライエントの問題へのカウンセラーとしての接し方を考える手掛かりも得られるのではないだろうか。問題に向き合うなかで，クライエントが今，絶望的な気持ちになっているとしたら，そんなときには何があると少し過ごしやすくなるだろうか，と考えたり，クライエントが苛立っているならば，その怒りが今こんなところに現れているのだな，と理解してそれを受けとめることも可能かもしれない。

　つまりカウンセラーは，自分の個人的課題とつきあい続け，そこに起こるさまざまな心の動きを自覚することによって，クライエントを理解したり関わり方を工夫したりする手掛かりを得られるのである。

3. 援助・被援助の相互性の原理

　カウンセリングの場には，さまざまな悩みを抱えた人が，専門性を有すると思われる人（カウンセラー）による援助を期待して来談する。クライエントは多くの場合，どのような援助が得られるかは具体的にはわからないまま，「何らかの」援助を求めてカウンセラーのもとを訪れる。これに対して，カウンセラーはどのような援助ができるのかを検討し，状況に見合った援助の方策を考えることになる。

　つまり，クライエントは被援助者，カウンセラーは援助者となるわけであるが，そこにはひとつの「からくり」がある。どういうことかと言うと，この被援助者・援助者というお互いの立場が固定的になって，「援助者が被援助者を援助する」という一方通行になると，カウンセリングはうまくいかなくなる，ということである。クライエントは被援助者として受身的に身をさらし，カウンセラーのみが援助者として能動的に援助行為を行う，ということになると，カウンセリングという営みは成り立たないからである。「助けて下さい」とクライエントに身を任せられて，全能の援助者という立場をとらされることになったら，カウンセラーは苦しくなってしまう。

　カウンセリングにおいては，クライエント自身が悩みや問題に向き合う能動性が求められる。単に受身的に，カウンセラーが問題を解決してくれることを期待することは困難だからである。たとえば，学生相談窓口に来室した学生が「大学生活の目標を見失った。講義に長く出席していない」と語った場合，カウンセラーがその学生に大学生活の目標を与えることは困難であろう。また，代わりに講義に出席することもできない。学生本人が自分自身の目標を見つけ，それに見合った今後の進路を模索する努力が必要となる。

　つまり，カウンセラーはクライエントの悩みや問題を肩代わりして代替することはできないのであり，カウンセラーにできるのは，クライエントが自分の問題にうまく向き合えるようになるための援助を行うことなのである。クライエントが今すべきことは何なのか，どのようにそれをすればよいのかを話し合いながらともに考え，見つけていくことがカウンセリングの作業と

なる。そしてそのような作業を通して，クライエントが自分自身に対するよい援助者になっていくことが目標となるのである。

このように考えていくと，カウンセラーの役目は，「クライエントがよい自己－援助者になることを援助する」ことであると言えるであろう。すなわち，クライエントのなかに内在している援助者の部分を見つけ，それを膨らませ，それが力を発揮できるように促していくのである。

このようなカウンセリングの作業を進めていくためには，カウンセラーはクライエントに手伝ってもらう必要がある。前述の「大学生活の目標を見失った」と語る学生を例にすると，まず，これまでの経過や今の心境を語ってもらうことによって，現状を知ることができる。語る学生自身も，経過や心境を語ることによって，自分自身の現在の姿やその背景に気づいていく。そしてそのことから，「自分の目標は何だったのか，もともと明確でなかったのかもしれない，目標を探すための自分との対話を十分にしないまま目の前の受験勉強に明け暮れていたのではないか」などが語られる。そして，「だとしたら，今必要なのは，立ち止まって自分とゆっくり対話することではないのか」というようなことが明確になってくる。このように，クライエントが自分を振り返り，何が問題なのか，今は何をすべきなのかを自分に問い，当面の課題を見つけ，それを語ってくれることによって，カウンセラーはカウンセリングの道筋を発見していくのである。クライエントの行う内省と自己発見に手助けされて，カウンセリングが進んでいくと言えよう。

クライエントからの手助けは，内省だけではない。進行するカウンセリングについての印象や感想を語ってもらったり，注文をつけてもらったり，カウンセラーからの対処策の提案についての考えや意見を述べてもらったり，あるいはそれをしばらく実行してみての変化（ないし不変）を報告してもらったりなど，さまざまである。

このような手助けをクライエントがしてくれるためには，カウンセラーが工夫して，クライエントとのやりとりを生み出していく必要がある。カウンセリングの場が両者にとって充実したものになるように工夫するのは，カウンセラーの役目である。つまり，意味のある（そして，カウンセリングの進

行にとって役立つ）対話が生み出されるための援助行為をカウンセラーが行うことにより，クライエントにうまく手伝ってもらえるようになると言うことができるであろう。

これまでに述べたことを整理すると，以下のようになる。

(A) クライエントがよい自己 - 援助者になっていくために，カウンセラーはクライエントを援助しようとする。
　　……そのためには
(B) カウンセラーはクライエントに手助けをしてもらう必要がある。
　　……そのためには
(C) クライエントに手助けしてもらえるように，カウンセラーはクライエントを導く。

このように述べると，とてもややこしいものに見えるかもしれない。事態を必要以上に複雑に論じているように思う人もいるかもしれない。しかしカウンセリングの場面で日常的に行われているやりとりを丁寧に検討すると，カウンセリングはこの３つの次元から成り立っていることがわかる。（このことはカウンセリングだけでなく，医療においても同様であるだろう。たとえば外科手術を受ける場合は，患者は何もしない物体になるために麻酔をされ，医師のみが医療行為を行っているように見える。しかし実際は，患者に内在する自然治癒力によって切開された傷口が閉じ，身体的損傷が回復していく。医療行為はこの自然治癒力がうまく働いてくれることを前提にして成り立っているし，それがうまく働くための条件を整えるのが医療行為であると言うこともできそうである）。

このような考察をもとにして，**図1**を描くことが可能であろう。

この図によって言いたいのは，①クライエントとカウンセラーはお互いに援助者でもあり被援助者でもあって，援助と被援助の行為を相互に行っていること，②カウンセリングは相互の援助・被援助によって円環的に進んでいくこと，そして，③このようなカウンセリングの進展によって，クライエン

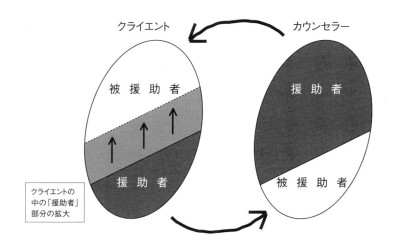

図1　援助・非援助の相互性

トのなかの自己-援助者の部分がしだいに拡大していくことが期待できることである。

　以上に述べたことが，カウンセリングという営みの原理に相当するものだと筆者は考えている。そのポイントは，いかにうまくクライエントの援助者としての部分を引き出していくか，である。カウンセラーの仕事の中核はそこにあることを，常に念頭に置いておく必要がある。

4. 責任を負うことの捉え方

　カウンセリングの仕事には，「責任」という言葉が常についてくる。この専門領域に期待される社会的ニーズが高まることは，同時に責任が重くなることでもある。専門家としてクライエントの相談に応じ，ふだんは容易に他人には明かさないような個人的な悩みや問題，その背景などを語ってもらい，その行為への対価として料金をもらう以上，責任が生じるのは当然のことであろう。自分がカウンセラーとして目の前のクライエントにどのように応じ，

どのように責任を負うかは，カウンセリングというもの全般に対する社会からの評価にもある程度の影響を及ぼすかもしれない，と考える覚悟も必要になってくる。

しかし，カウンセラーはカウンセリングの進行のすべてについて，丸ごとの責任をもつことはできない。前述のように，カウンセリングはクライエントとカウンセラーの合作によって進むものなので，カウンセラーだけの努力によってクライエントが望んでいる方向に問題を改善できるわけではないからである。

筆者は，責任の負い方について重要なことは，以下の3点ではないかと考える。

① 責任を「丸ごと」で扱うのではなく，それを細分化して，「何についてのどのような責任」を自分は引き受けることが可能かを考え，実行していくこと。
② クライエントにも責任を負ってもらうこと。
③ カウンセラーとして責任をもちやすくなるように，カウンセリングの進行をアレンジすること。

以下，この3点を順に説明しよう。

1. 責任の細分化

まず第1に，責任の細分化についてであるが，カウンセラーとして行うべきことを念頭に置き，それを一つひとつ実行していくことが，具体的な責任の所在だと考えるのがよいだろう。クライエントの主訴を聞いてその背景となる問題を把握すること，カウンセリングにおいて何を行っていくか計画を立て，それをクライエントと共有すること，面接の時間枠や頻度を決めて契約し，こちらの都合で簡単にそれを壊すことなく実行していくこと，カウンセリングの進行に必要となる人間関係を築いていくように努力と工夫を行うこと，一定の集中力や関心を注いでクライエントの話を聴き，適切と思える時機に介入を行うこと，カウンセリングの進行をモニターし続けクライエントに生じた変化を捉えること，もしも危機介入が必要な状況になっていたら

それを見逃さずに介入すること，カウンセリングがうまく進んでいないときにはそれに早めに気づいて検討し，対処策を考えること，などである。

　これらカウンセリングの基本的手順をいかに着実に実行できるかが，カウンセラーとしての責任の負い方である。これらの個別的，具体的な行為の検討をとばして，クライエントの主訴や問題，症状などの改善そのものに対して「丸ごと」の責任を負うことはできない。クライエントの抱える問題全体に対して「私に任せなさい」という姿勢では，責任を負うことは難しくなるのである。

2．クライエントにも責任を負ってもらう

　第2の点についてであるが，上述したカウンセリングの基本的手順の一つひとつが，カウンセラーだけで一方的に行うものではなく，クライエントとの合作で行われるものである。主訴となる問題の把握はクライエントの内省なしには行えないし，面接継続についての契約事項はクライエントにも守ってもらわなければならない。また，言葉や態度，ふるまいを通じて自己表現をしてもらえなかったら，カウンセラーはクライエントの状態を把握することはできない。

　つまり，カウンセリングにおける責任の半分は，クライエントの側に負ってもらう必要があるのである。そのことがクライエントに伝わるように，カウンセラーは言葉で説明したり，あるいは態度やふるまいを通じて表明する必要がある。たとえば，面接のなかで沈黙が訪れたとき，カウンセラーはできるだけクライエントから次の言葉が発せられるように待つ姿勢をとる。それは「面接で何を話題にするのか，次に何を扱うのかは，あなた（クライエント）が判断することですよ」というメッセージをクライエントに伝えているのである。

3．カウンセリングの進め方のアレンジ

　第3についてであるが，カウンセラーはカウンセリングの進行について，自分だけでは責任をもちにくいと感じることがある。たとえば学生相談にお

いては，本人が大学生活に破綻をきたして長期にわたって学業生活を行えていない場合，それを援助するとしても，どこかの時点で本人を説得して保証人（多くの場合は親）にそれが伝わるようにしないと，カウンセラーはその責任を負いにくくなる。あるいは病理が疑われる場合には，医師にも診てもらいながらでないと，カウンセリングを担当し続けていくのは難しいと感じる。指導教員や職員と連携しながらでないと，その学生からの相談を引き受けにくいと感じることもある。

　このような経験から筆者が考えるのは，カウンセラーとしてそのクライエントの抱える問題を引き受けられるように，あるいは引き受けやすくなるように，アレンジしながらカウンセリングを進めていくように心掛けることが大切だということである。カウンセラーとしてその問題を抱えるうえで，上手な抱え方があると思う。カウンセラーだけでなく，親にも責任を抱えてもらう（親しか責任を負えないこともある），医師あるいは周囲の人たちと役割を分担しながら抱える，などである。つまり，できるだけ自分が抱えやすくなるようにアレンジしていくのである。

　これはカウンセラーとしての責任から逃れるための手段ではない。カウンセラーは自分の責任範囲についてはしっかり引き受けなければならない。しかしそれを引き受けやすくするには，他の人にも責任を抱えてもらうように工夫する必要が生じるのである。場合によっては，そのことをクライエントや周囲の人に明言することも意味がある。カウンセラーとして責任を負える範囲をはっきりと伝えることで，カウンセリングにできることと，その限界をわかってもらう必要があるのである。

5. 訓練によって守秘を身につけることの意味

　医師や弁護士などと同様に，カウンセラーには守秘の義務がある。クライエントに個人的な内容の話を聞かせてもらうのは，それが職業上の援助行為を行うために必要だからである。したがって，クライエントから得た情報をそれ以外の目的のために用いることは，契約違反となる。そしてさらに，一

対一の人間関係における信頼感を前提にして語られた内容は，援助のために必要と感じられたとしても，クライエント本人の同意なしに関係者に伝えることは不適切である。そのことによって信頼関係を損なうと，その後のカウンセリングを進めるうえでの大きな支障となるからである。このため，カウンセリングの教育訓練の第一歩のところで必ず，その遵守が強調される。このことがカウンセラーとしての基本的な学習事項であることは間違いない。

　筆者はそれに加えて，守秘という行為について初心のカウンセラーの人たちに伝えたいことがある。それは，機械的，自動的な「ルール」ないし「決まりごと」として，守秘を考えるべきではない，ということである。「お箸は右手，茶碗は左手」というような意味で，「カウンセリングで聞いた内容は事例検討の場など以外では語ってはいけない」と考えるだけでは不十分である。守秘という行為は，カウンセリングの基底に関わる，さらに重要な意味を内に含んでいると感じるからである。

　筆者は，守秘というのは不自然な行為だと感じる。ある重大な事柄を自分ひとりの胸のうちに抱えていたのが，誰か信頼できる人にそれを話すと，重荷を下ろしたような気分になる。それは多くの人が経験してきているだろう。その場合，今度はそれを聞いた人の内面にインパクトが生じる。語った人が下ろした重荷を受けとめることで，聞いた人の心に大きな波紋が拡がるのである。すると，聞いた人はそれをまた，次の人に聞いてもらいたくなる。心に拡がった波紋を鎮めるために，誰か聞き手を必要とするのである。

　つまり，誰かから重大な話を聞けば，それによって心に波紋が拡がり，それを次の誰かに語りたくなるのが，自然な心の動きである。しかしカウンセラーは，意志の力によってそれに人工的にブレーキをかけ，自分の内側にその波紋を留める。語る→聞く→語る→聞く→語る……，という自然に生じるはずの連鎖に歯止めをかけ，自分のところでその連鎖を断ち切るのである。聞いた内容が重大であればあるだけ，それにブレーキをかけるには強い意志の力を要するだろう。

　したがって，守秘はそれほど容易なことではない。つい話したくなって不適切な場面で話題にしてしまったりすることもあるかもしれない。そのよう

なときに，バツの悪い思いをしながら自分の心の動きを振り返り，どうして話題にしたくなったのかを考える必要がある。それを繰り返すことにより，守秘を自分のものにしていくのである。守秘は訓練によって身につけるものと考えるべきであろう。

　筆者は，意志の力による，この不自然で人工的な行為が，カウンセラーを鍛えるモトになっているのだと思う。そしてそれを自らに課すことを通じて，専門職者としてクライエントに向き合ううえでのパワーが生み出されるのだと思う。筆者はこのパワーを，「気」という伝統的な表現で呼びたくなる。「気」とは何なのか，実は筆者にはよくわかっていないのだが，守秘義務を遵守することによって得られるパワーは，「自分の内側に気を溜める」とか「気が充満する」という表現とぴったりするように思われるからである。一種，腹に力が満ちるような内的感覚を，守秘の努力が与えてくれるように感じている。

　ここに述べていることが他のカウンセラーにも共感してもらえるものかどうかは，よくわからない。しかし，クライエントによって持ち込まれた問題をクライエントとともに抱え，カウンセリングの長い道のりを歩んでいくには，相当のパワーを必要とするのは事実である。そのパワーを確保するためにカウンセラーとして自らの心を鍛える必要があることは，他のカウンセラーにも同意してもらえるだろうと思う。

　筆者がこの節を論じながら連想していることを，ここに簡単に書きとめておきたい。それは宗教者の修行において禁欲が重大な位置を占めることは，ここに述べたことと重なる面があるのではないか，ということである。修行においては，性欲，食欲，物欲，ときには睡眠の欲までが制限の対象となる。その制限を誰か外部者から課されていると感じたのでは，あまり意味がないであろう。それを自発的に自らに課し，自らの課題として取り組むがゆえに，何らかのパワーが得られるのではないだろうか。世俗的には，願を懸けるさいに一定期間，自分の好物を断つ（お茶断ちなど）こともある。このように，自分の意志で自らに特定の制限を与え，それを遵守することが，ある種のパワーの獲得につながるのだと思う。

6. からだの正面で受けとめる

　個人カウンセリングは，クライエントとカウンセラーが2人だけで対面する面接室のなかで行われ，その継続によって進んでいく。カウンセリングの学習を始めたばかりの初心者は，最初は指導的立場のベテランカウンセラーの面接に陪席して，どんなふうに面接を行うのか，実際に参加しながら経験する機会があるかもしれない。しかし学習の次のステップで，自分があるクライエントを担当することになったときには，面接室に入るのはクライエントと自分の2人きりである。スーパービジョンでは面接で行われたことを逐一報告して指導を受けるとしても，スーパーバイザーは面接の場に同席するわけではない。

　初心のカウンセラーは，このことに戸惑ったり，不安になったりしがちである。それまでに理論や技法についてたくさん学んでいたとしても，実際にクライエントと2人だけになると，何をどのようにしたらよいのかわからなくなってしまうかもしれない。頭が真っ白になる場合もあるだろう。しかし，カウンセリングはクライエントと一対一で向かい合うことから始まる。それが出発点である。

　ここで大事なことは，からだの正面で受けとめることである。と言うのは，カウンセラーがもっとも大切にしなければならないのは，クライエントと対面しながら自分が感じ，それを受けとめ，それをもとに考え，時に伝えることだからである。後述するように，カウンセラーはクライエントの語る言葉だけでなく，表情や態度，雰囲気なども手掛かりにしながら，クライエントが表現することを感じ取ろうとする。それを素材にして，クライエントを理解し，クライエントについて考えていくのである。つまり，面接の場でカウンセラーは自分の感じ取る力，考える力，伝える力のすべてを動員する必要がある。

　そのためには，しっかりと正面からクライエントに向き合い，クライエントから発せられるものを受けとめる必要がある。スーパーバイザーから言わ

れたコメントや教科書で学んだ理論などが頭にちらついていたのでは，目の前のクライエントに集中することは難しくなる。いくら稚拙であったとしても，現在の自分がもっている力でクライエントに援助者として関わろうという心構えが大切になるのである。

　そして面接が終われば，それを細かく記録し，それをもとにスーパーバイザーからの指導を受けるのがよい。クライエントにしっかり向き合ったうえでのやりとりを素材にすれば，学ぶことは多くなると考えられる。

　クライエントを担当するうえでの不安や躊躇は，初心者だけのものではない。ある程度の経験は積んだものの，自分に対して自信をもてないでいるカウンセラーも，同様である。むしろ，「経験は積んだけれども自信がもてない」という場合の方が，不安は大きいかもしれない。そのようなカウンセラーが陥りやすいのは，誰か著名な指導者に同一化したり，ある理論を学んで武装するかのようにそれを身にまとうことによって，自分の不安を払拭しようとする罠である。それがなぜ罠なのかと言うと，そこでは自分自身の感じ取る力や，感じたことをもとに考える力が活かされていないからである。

7．理論や技法とのつきあい方

　前節に述べたことと関連して，さまざまな理論や技法とのつきあい方について，筆者の経験から考えることを述べることにしたい。

　カウンセリングや心理療法に関する理論や技法には，大きなもの，中くらいのもの，小さなものなど，さまざまなものがある。大きな理論は学派の創始者などによるものであり，人格理論や発達理論，病理の理論，治療や援助の技法論などから統合的に論じられている。中くらいのものは，大きな理論を基盤にして，それをより詳細にしたり，そこから派生した新しい側面を論じたものである。そして小さな理論は，特定のトピックや特定の不適応ないし病理などについて細かに論じたものであり，技法論としても詳細な議論が行われる傾向がある。

　これらの理論やそれに結びついた技法論を学ぶことは，自分の心理臨床家

としての基盤をつくっていくうえで，きわめて重要となる。そしてある学派や特定の臨床家に私淑して関連の書籍を読み込むことは，自分の臨床観を築いていくことにつながるし，特に，大きな理論を自分のものにしていくことは，自分の人間観や人生観に重大な影響を及ぼす場合さえある。

　しかしそのさいに大切なのは，自分自身の臨床経験を通じて身につけた感じ方，考え方を，それらの理論や技法と擦り合わせて，葛藤を抱えながらやりとりしていくことだと思う。葛藤なしにそれらを取り込むことは，むしろ「取り込まれる」ことであって，カウンセラーとしてもっとも重要であるはずの自分自身の感じ方，考え方を磨き上げていく作業を損なうことにつながりかねない。ある理論や技法の体系とやりとりをしながら，それに強く惹かれて一時的に一体化したり，自分の臨床経験とそれを突き合わせて喰い違いや苛立ちを感じたり，それに不満や飽き足りなさを感じて距離を置いたり，別の理論や技法に魅力を感じたり，しかししばらくすると再び元の理論に親和性を感じて近づき新たな発見をしたり，というような葛藤を孕んだ対話を続けることで，自分が元来もっていた素質を超えた次元での臨床家としての力を身につけることが可能になるのだと思われる。

　しかしこのような理論・技法とのやりとりが，すぐに自分のカウンセリングの実践に役立つとは考えない方がよいように思う。ある理論や技法は，優れた臨床家が長年にわたる膨大な臨床経験をもとに築き上げたものである。その分，抽象度が高いし，精緻化されている。広大で分厚い裾野を背景にもちながら，それらを踏まえて包含しつつ理論化しようとすれば，高い次元まで抽象化されたものになるのは当然である。

　したがって，まだ経験の乏しい自分がその理論・技法を目の前のクライエントにそのまま適用したとしたら，とんでもない間違いが起こりかねない。ある程度（かなり）の臨床経験を積み，その理論や技法を用いるうえで留意すべきことが経験的にわかるような段階になってはじめて，それを自分の臨床に活かすことが可能になるだろう。

　したがって当面は，担当した事例に自分の感じ方，考え方を活かしながらしっかり取り組み，一方で自分が魅力を感じる理論や技法を熱心に学ぶこと

になる。この２つの努力は簡単には結びつかず，別々のことをやっているように感じるだろうが，いずれ長期的には少しずつつながっていくはずである。なぜなら，そのつながりの結節点となるのが，カウンセラーとしての自分だからである。

8. 実践にもとづいた学びの道筋

　カウンセリングの専門性を身につけていく学びの道筋は，当事者にはなかなかわかりにくいところがある。

　一方には，前節で述べたように，自分が惹かれる理論や技法を体系的に学ぶ学習がある。しかしそれを自分が担当する目の前のクライエントにそのまま適用することには，慎重でありたい。担当するクライエントに対しては，その人が抱える問題の性質と必要とされる援助のあり方を見きわめたうえで，そのクライエントの現状に合致した援助の方策を見つけていく必要があるからである。理論や技法を学ぶさいには，それをすぐに実践で使うためのものとしてではなく，まずは心理臨床に関わる人格論や発達論，不適応や病理の捉え方，そして介入や援助についての技法論を，机上で学んで理解し，考えるためのものとして学習していくべきであろう。

　他方では，実践例を数多く経験しながら学ぶ学習がある。ここで筆者が想定している実践経験には，直接的な経験と間接的な経験とがある。直接的経験は自分自身がカウンセラーとしてスーパービジョンを受けながら事例を担当する経験である。しかし臨床経験はそれだけではない。事例の検討会やカンファレンスなどで他のカウンセラーが担当事例を報告し，それに対してさまざまな意見やコメントが飛び交うのを聞くことも間接的な臨床経験となる。これらの直接的・間接的な臨床経験は，それぞれが個別の事例についてのものであり，その個別性に応じて，留意すべきポイントや援助・介入の方策はそれぞれ異なる。一つひとつの事例が，個性と特性をもったトータルな「全体」なのである。したがって，ある事例について議論されたことが，自分の担当する別の事例にそのまま当てはまるわけではないし，すぐに活かされる

わけでもない。

　以上のように，理論や技法の学習も，実践経験にもとづく学習も，自分が現在担当している事例にそのまますぐに活かせるわけではない。カウンセリングで扱う各事例には無数と言っていいほど多くの要因が複雑に関係しているため，たくさんの事例での経験を抽象化した（つまり多くの要因を捨象した）理論・技法を特定の事例にそのまま当てはめるわけにはいかないし，ある事例で確かめられたことが次の事例に当てはまるわけでもないのである。

　さまざまな学習に精を出しながら，緊迫感をもって複数のクライエントとの毎回の面接に向き合い続けるような生活のなかで，あるクライエントとの出会いが起こり，その事例が自分をカウンセラーとして大きく成長させてくれることがある。また，ある書籍や論文に目を開かれる場合もある。あるいは，日常生活での出来事や人との出会いが契機となる場合もあるだろう。何かをきっかけにして変化が起こり，自分の担当事例で起こっていることが前よりも理解しやすくなる。そのような変化が起こってはじめて，それまでに学んできたことが活かされるようになるのである。

　それまでの学習が活かされるようになった段階では，学んできた理論や技法の位置づけ，さまざまな事例の直接的・間接的な経験の位置づけが，自分に腑に落ちて理解できるようになる。そしてそれらが，これから自分が担当しようとする事例について考えるうえで，役立つようになる。

　このような学習の道のりは，初心者にはわかりにくく感じるであろう。逆説的な言い方だが，どのような道筋でカウンセラーとしての学習が進んでいくのかがわかるのは，学習の道のりがだいぶ進んでからのように思われる。

　筆者（吉良，1986）はかつて，そのような道筋が見えてきた若い頃に，このことを文章にしたことがある。そこでは，心理臨床の学習過程を整理するために，2種類の学習のスタイルを「トレーニング」と「修業」と呼んで区別し，心理臨床の学習過程は「修業」モデルに近いように思う，と述べた。（ちなみに，ここで言う「トレーニング」とは，オリンピック選手のように自己を追い込むような訓練ではなく，体を鍛えるとか単純なスキルを身につけるというようなものを想定している）。そのときに筆者が作成した，2種類の

表 1　学習の仕方の二種（吉良，1986）

	トレーニング	修　業
目　標	具体的・特定的	抽象的・非特定的
目標への到達のための方策	具体的でわかりやすい	場合によってちがい，わかりにくい
学習の進展	段階的に進んでいく 部分的学習が可能	飛躍的・不連続的に進む（カタストロフィー）
学習者にとっての学習の進展度の見えやすさ	見えやすい	見えにくい
学習の目的と学習者の最終目的との関係	分　化	未分化・一体化

学習スタイルを対比するための表をここに再掲しよう。

　この**表1**の修業モデルのところに示しているように，カウンセリング（心理臨床）の学習は，その目標が「質のよいカウンセラーになる」とか「カウンセラーとして一人前になる」というように抽象的で非特定的であるし，本章の1節に述べたように，その完成像は各人の個性や特性によって異なる面があると考えられる。そしてそこに到達するための方策も場合によって異なり，わかりにくい。学習の進展は，前述したように飛躍的・不連続的（カタストロフィー）に起こるため，学習者には自分の学習の進展度が見えにくい。さらに，「質のよいカウンセラーになる」とか「カウンセラーとして一人前になる」という学習目標は，（人によって異なるのかもしれないが，少なくとも筆者の場合）自分自身の生き方や心理的成長，すなわち個人としての最終目的と明確に切り離すことができず，未分化あるいは一部で一体化している面がある。

　このような学習は，トレーニング的な学習とは異なり，私という個人のあり方を賭けて行われる面がある。そのような面をやっかい，あるいは苦しいと感じる人もいるだろう。しかし，カウンセリングにおいてクライエントに専門的・職業的な関わりを行うための基本的な道具は「私という個人のもつ性能」であるため，それを磨くための学習スタイルもある程度このようなも

のになるのは，やむをえない。

　一方，このような学習の仕方を必要とする職業に魅力を感じる人もいるだろう。カウンセリングという仕事は，それを職業として選んだ動機が学習の出発点となる。折に触れて，その動機を再確認しながら，学習を進めていく必要があるだろう。

第 2 部

カウンセリングへの導入

第2章

カウンセリングの始め方

　本章と第3章では，カウンセリングを始める時期について考えていくことにしたい。この時期は導入期と呼ばれるように，カウンセリングとはどのようなものなのか，そこでは何を目指してどんなやりとりをしていくのかをクライエントに実際に経験してもらいながら，カウンセリングを始めるかどうかを考えてもらう時期である。またカウンセラーにとっても，クライエントの訴えを聞きながら，それをどのように引き受けていくのかを考える時期である。両者が出会い，それぞれ思案しながら今後の進め方を考えていく，大切な時期と言えるであろう。

1. 主訴を丁寧に聞く

　初回の面接でクライエントが面接室に入ってきたら，クライエントの様子や態度，雰囲気，身なりや服装などからどんな人なのかを確認しながら，椅子に座ることを勧める。そして相手の名前を「○○さんですね」と確認した後，カウンセラーは簡単に自己紹介を行う。「カウンセラーの△△と言います。よろしくお願いします」程度である。そして，主訴を尋ねる。

　カウンセリングは，主訴を丁寧に聞くところから始まる。「どんな相談で来られたのでしょうか」とか「どういった相談でしょうか」と尋ね，相手に話してもらうのである。筆者の所属する学生相談の職場では，他の多くの相談機関でも同様だろうが，はじめに申し込み用紙に記入してもらってから入室するので，その用紙の主訴欄に書かれたことを読みながら，「ここに書いてくれているけれど，直接話を聞いた方がわかりやすいので，話してもらえますか」と求めることが多い。そのさい，「話しやすいことからでいいですよ」と付け加えることもある。

主訴欄への記載の仕方はクライエントによって異なる。「～のこと」「～について」といった程度のごく簡単な記載のみの場合もあれば，長々と詳細に書き込まれていることもある。あるいは，まとまりなくさまざまなことが書かれていて，ごちゃごちゃしているときもある。クライエントによっては，しばらくの間，受付に座って書こうとはしたけれども何も書けずに空欄のまま，面接室に通される場合もある。そのような主訴欄の書き方にも注意を向けながら，クライエントの話を聞くことになる。

　このようにして対話が始まるわけであるが，しばらくはクライエントに話してもらい，こちらは相づちを返す程度にして，聞くことに専念する。そのさい，話される内容だけでなく，話し方や様子などを同時に聞いている。わかってもらいたい様子で強く訴えるように話すのか，口ごもりながら話すのか，戸惑ったり困惑したりしているのか，恥ずかしそうなのか，まとまりにくかったり混乱したりしているのか，などである。話しやすそうか話しにくそうか，話したがっているのか話したくなさそうか，なども感じながら聞くことになる。

　そのような様子も含めて聞きながら，カウンセラーはクライエントがどんなことで困っているのか，どんなことを相談したいのか，そしてカウンセリングにどんなことを期待しているのかを感じ取っていく。これらの全体が，クライエントの主訴をつかむ作業である。まずは時間をかけて，その人がどのように困っているのか，どのようになることを望んでいるのかを聞くことが大切である。クライエントの訴えていることが，こちらに実感として伝わってくるようになることを期待して，耳を澄ますのである。

　クライエントによっては，それをうまく言葉で語ってくれて，すんなりと理解しやすい場合もある。聞いていて，それは困っているだろうと自然と共感がわく場合もある。しかし一方で，話を聞いていてもなかなか筋をつかめず，何にどのように困っているのか感じ取りにくい場合もある。話の筋はわかっても，あまり困り感が伝わってこず，ピンとこない印象を受ける場合もある。

　主訴を語るためには，自分の困り感を捉えて把握する力，それを言葉にし

て相手に説明する力を必要とする。そのためには一定の知的能力や言語能力を必要とするし，相手を信頼する能力も必要となる。言葉で説明する力はもっていたとしても，「この人に話して大丈夫だろうか」という疑念が強かったり，専門職者に相談することに抵抗がある場合は，話すことが難しくなる。

　また，ある程度の情緒的安定も必要である。パニック状態になっていたり，強い不安状態や抑うつ状態になっている人は，自分に起こっていることを人にちゃんと話すどころではない。落ち着かなかったり，時には座っていることも難しいことさえある。そして当然ながら，主訴を語ることは難しい。むしろその人のふるまいや態度から，「これは大変な状態だ」とこちらが気づいて対応する必要がある。

　人によっては，自分の生き方，考え方の根幹のところが悩みであったり問題であったりする。そのような場合も，自分のこころの体験の一部を対象化し，主訴として取り出すことが困難である。「何に困っているの？」と聞かれたら，「自分のすべて」と答えざるをえないような状態である。そのような人は，問題を焦点化できず，話にまとまりがない。黙り込んでしまうこともある。そのような場合は，主訴として焦点を当てて語ることが難しいほど，その悩みは深く大きいと考えなければならない。つまり，主訴を形成することが難しい状態なのである。この場合も，クライエントのそのような話しぶりから，カウンセラーの側が相手のこころの状態を推察し，対応していかねばならない。「主訴ははっきりしないけれども，面接を続けることでこの人を支えていこう」と判断して，カウンセリングを行っていくこともある。

　それ以外に，自分の内側には問題感を感じておらず，周囲の人の問題で困っていると訴えたり，自分の置かれた環境が問題なのだと捉えている場合がある。心理的援助を行うためには，原則的には，クライエント自身が自分の内側に問題感を感じていることが前提となる。しかし筆者の現場である学生相談は多様な困りごとに応じる相談窓口であるため，上記のような相談も持ち込まれる。そして時には，確かに周囲の人に問題がある，という場合もある。カウンセラーの仕事は，それらを仕分けながら，クライエント自身への心理的援助として何が必要なのか，何が可能なのかを考えて実践することになる。

2. 主訴を聞くことで原苦慮やそれに対する態度を感じ取る

　前節では，主訴を丁寧に聞くことの重要性を述べたが，ここで論じたいことがある。それは，私たちカウンセラーは主訴の内容だけを聞いているのではなく，主訴を通じて，その背後にある困難感という体験の様相をも聞き取ろうとしているのだということである。そのことについて筆者は以前に論じたことがあるので，それを引用しよう。（そこでは「カウンセリング」ではなく「心理療法」，「カウンセラー」ではなく「セラピスト」と表現しているが）。

　　　　　＊　＊　＊　＊　＊

　心理療法においてクライエントの訴えを聴いていると，彼らは自分の抱えている心理的困難さを，ごく具体的，感覚的に，切迫して感じていることが伝わってくる。それはクライエントにとっては，直接的，感覚的に感じられている，自分に苦痛をもたらす「何ものか」であろう。そしてこの「何ものか」は，増井武士（1989）が「原苦慮」と呼んで述べているように，それ自体は言葉で言い表すことは大変難しいものであると考えられる。たとえて言えば，生傷に触れられたときのような，「どこがどのように痛い」と細分化して語ることは大変難しく，「とにかく痛い」としか表現できないようなものではないだろうか。クライエントの語る主訴は，この「何ものか」そのものではなく，クライエントがそれについて内的な違和感として自覚できたものを，セラピストに何とか伝えようとする試みであると考えるべきであろう。クライエントは決して抽象的に悩んでいるのではなく，ごく具体的に苦しんでいる。悩みの内容は抽象的なものであったとしても，その悩みの感覚はまったく具体的なものである。

　　　　　　　　　　　　　　　　　　　以上，吉良（2002b）p. 21

　　　　　＊　＊　＊　＊　＊

　この文章で筆者が言いたかったのは，カウンセラーは主訴というメッセージだけを聞いているのではなく，その背後にあるクライエント自身もうまく言葉にできないでいる感覚的な「何ものか」を感じ取ろうとしているのだと

いうことである。増井の表現を借りて，ここではそれを「原苦慮」と呼ぶことにしよう。増井によれば，原苦慮とは「心の痛みそれ自体」であり，「患者に浮かぶ，あらゆる言語を超え，ただ患者の心に妙な息吹きを与え続けているきわめて単純でかつ極端な感覚的事実の凝固体のようなもの」（増井，1989）である。主訴とは，クライエントが自分の内側に起こっている原苦慮を異物化して捉え，それを言葉にして語ることができたものである。私たちは主訴の語りから，その背後にある原苦慮を感じ取ろうとするのである。それを感じ取り，言葉にして返すことができたら，クライエントは「伝わった」と感じて少しは楽になるのではないだろうか。

【事例の抜粋1】

大学1年次女子学生。一人暮らし。保健室の看護師に付き添われて学生相談に来室した。「疲れできつくなって，宿題もできなくて，動くのもイヤになった」と言う。入学してからどんなことがきついかと聞くと，「一人暮らしがきつい。それに先生との関わりが変わったこともきつい。目上の存在から評価されるところにいないと安心できない。高校みたいに規則でぐるぐる巻きにされても，評価された方が精神的に安定する」と言う。はじめての一人暮らしの生活をこなしながら，授業にはきちんと出席し，指示された課題をすべてこなそうとして，余裕を失っている様子である。大学では，勉強をしてもしなくても，教員が直接学生を褒めることも注意することも特にないため，評価の基準が見えなくなって混乱している。大学にいる間，石鹸で手を洗えないと落ち着かないことも訴える。

このクライエントの修学態度は，教員の言うことは一言漏らさずしっかり聞き，指示されたことはすべてきちんとこなし，それらのことで教員から評価されることで安心しようとするものである。そのために消耗してへとへとになっても，それをやめることができないでいる。中学や高校では友人関係はごく表面的で周囲を警戒してきたと語り，「友だちと遊ぶのは自堕落で汚い感じ。先生は上にいて存在を認めてくれるとか，頑張れば評価してくれる人。そういう人がいないと自分がわからなくなる」と言う。

筆者が〈目上の人からの評価がもらえないと自分が何なのかわからなくなって，こわいような苦しいような，居ても立ってもいられない焦りを感じるのかも〉と伝えると，彼女は何度かうなずいた。

* * * * *

この抜粋では，クライエントは「一人暮らしがきつい。先生との関わりが変わったこともきつい」と語り，目上の人からの評価がないと「自分がわからなくなる」と言っている。それを聞いている筆者には，摩擦熱で赤く焼けたエンジンがオーバーヒートしそうになっているような，強い熱感が感じられていた。そして目上の存在から評価をもらえたときには一時的にほっとするかもしれないが，それはつかの間のことであって，次の瞬間には再び必死で動き回らないと奈落の底に落ちるような空虚な気分が襲ってくるように感じられた。筆者が増井に倣って「原苦慮」と呼んでいるのは，そのような「感覚的事実の凝固体」のことを指している。

さて，主訴を聞くやりとりにおいてクライエントから語られることのなかには，原苦慮だけでなく，それに対するクライエントの姿勢ないし態度が示されている。そして，それを主訴としてカウンセラーに伝えようとするさいの援助者への態度も含まれている。カウンセラーはこれらの総体を感じ取ろうとしているのだと言えるであろう。すなわち，「主訴を聞く」という行為によって，カウンセラーはきわめて多面的な実体を捉えようとしているのである。このことを理解してもらうために，**図2**を見ていただきたい。

図2に示したように，主訴を聞くことにより，多面的な動きが起こる。原苦慮は何らかの痛みを訴えている（矢印A）が，クライエントはそれに対して，抑えつけようとしたり，不快に感じて苛立っていたり，それに圧倒されてなすすべがなくなっていたり，あるいはそれを内的違和感として見きわめようとしていたりする（矢印B）。すなわち矢印Bには，感情的な面と認知的な面とが含まれている。

そしてカウンセラーに問われることにより，それを主訴として自覚し，「何についてどのように困っている」というような表現で援助者に伝えようとす

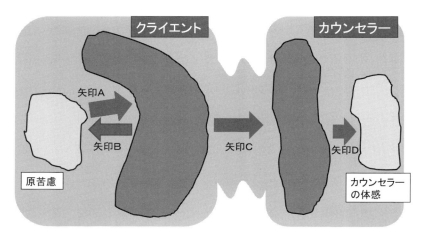

矢印A：原苦慮がクライエントに訴えているもの　　矢印C：主訴＝クライエントの他者への表現態度を含む
矢印B：原苦慮へのクライエントの姿勢・態度　　　矢印D：カウンセラーの体感として感じられてくるもの

図2　主訴を聞くことでカウンセラーが感じ取ること

る（矢印C）が，前節にも述べたように，そこには人に援助を求めることへの躊躇や羞恥心，不安感が生じたり，あるいは助けを求めてすがるような気持ちが起こったり，大げさにそれを伝えたくなったりもする。つまり矢印Cにも，言語化して説明する知的能力に加えて，他者に伝えることについての思いが反映するのである。このように，主訴の表現には，矢印A，B，Cの動きがさまざまに混じり合っている。

　先に挙げた【事例の抜粋1】を例にすると，原苦慮の痛みが大きく強烈であるため，矢印Bの性質としてはなすすべもなく圧倒されて振り回されている状態であることが伝わってくる。また矢印Cの性質としてはそれをカウンセラー（筆者）という特定の個人に訴えているというよりも，とにかく目の前の存在に向かって言葉があふれ出しているような状態と考えられる。カウンセリング開始初期のこの段階では，個性や人格を有する存在としてのカウンセラーとの対話ややりとりは，まだ成立していないのである。

カウンセラーはクライエントの語りから，それら（矢印 A，B，C）の総体を受信するのだが，そのさい，それらを自らの体感として感じ取り，受けとめようとする動きが起こる（矢印 D）。なぜなら受信にさいして，クライエントからの言葉を介して入ってくる情報量よりもはるかに，言葉にならない態度やふるまいを通じての情報量の方が大きいからである。言葉ではないかたちで伝わってくるものを受け取るのは，まずは体感である。そして次に，体感をもとに考え，クライエントからのメッセージを分化して認知的に捉えるのである。

　主訴を聞くことにより，以上に述べてきたような動きが起こる。クライエントには原苦慮に向き合ってそれをカウンセラーに伝えようとするなかでの複雑な動きが起こるし，カウンセラーはそれらを受信することによって，クライエントの抱えている痛み，傷つき，苦悩などの原苦慮の様相を感じ取るのに加えて，それに関連したクライエントの主体としての動き（矢印 B，C）を捉えることになる。

　これらが，クライエントとのカウンセリングの作業を進めるうえでの出発点となる。これらを原点にして膨らませ，その背景にあるものへの理解を深め，援助の方策探しにつないでいくことが，次の段階となるからである。このため，第4章1節〔pp. 52-56〕および第7章4節〔pp. 102-104〕において，ここに示した図を再度取り上げて検討することになる。

3. 主訴に近い背景を聞く

　主訴をある程度聞くことができたら，次に，主訴から近い背景を聞く段階に移る。この段階で聞く必要がある主なものは，以下である。①主訴となっている問題の経過を聞く。②これまでの相談歴を聞く。③今回の来談の経緯を聞く。これら3点について尋ねる順番は，やりとりの流れによって異なってくるが。

　まず①については，主訴となっている問題がいつ頃から始まったのか，どんなときに，どんなことと関連して起こったのか，それは現在までどんな経

緯を辿ってきたのか，それにどのように対処してきたのかを尋ねていく。その問題が長い経緯をもったものなのか，それとも，さいきんのある出来事をきっかけに発生した問題なのか。その問題はどんな事柄と関連しているのか。それにどのように対処してきたのか。あるいは特に対処策を講じずに現在に至っているのか。

　これらを聞くことは，きわめて重要かつ不可欠である。これらを確認することによって，主訴という「点」で把握したことを，時間経過のなかでの連続した「線」で捉えていくことになるからである。ここに挙げたような質問に答えてもらうことで，その問題がどのような性質のものなのかを大まかに把握するとともに，それに対して本人がどのように対処しようとしてきたのかを確かめるのである。

　次に②であるが，そのような経過をもつ問題について，これまで周囲の人や専門機関などに相談したことがあるかどうかを尋ねる。そのことを家族や友人など誰かに話したか，相談したかどうか。専門機関に相談に行ったことがあるかどうか。周囲の人や専門家からどのように言われたか。それをどのように感じたか。そしてその後どうなったか。

　これらを聞くことによって，本人が周囲にヘルプを求める人なのかどうか，ヘルプを求めるとしたらそれは誰なのかなど，サポート源や周囲の人との関係がわかる。専門機関を利用した経験があるとしたら，そこでどのように言われ，それをどのように感じたかを聞いておくと，これから始めるカウンセリングについて本人が抱いているイメージを想像しやすくなるし，カウンセリングを本人がどのように捉える可能性があるかを想定する手掛かりになる。

　そして③の，今回の来談の経緯を尋ねる。今回ここに相談に来たのは，誰かに勧められたのか，それとも自分で探して見つけたのか。今の時点で相談に行ってみようと思ったのはどうしてか。相談に行くことを周囲の人は知っているのか，知らせたのか。

　クライエントは現時点で，相談機関を訪ねるという行動を起こしている。そこには何らかの動機が発生しているはずである。「何とかしたい」「何とかしなければ」という本人自身の動機にもとづくものかもしれないし，あるい

は周囲の人に強く勧められてしぶしぶ来談に至ったのかもしれない。あるいは「これは専門機関に相談に行かなくては」と考えるような出来事が，さいきん起こったのかもしれない。

　以上のような主訴に近い背景を聞いていくことにより，主訴の周囲に拡がる裾野を少しずつ拡げながら理解していく。はじめは点として捉えた問題を，時間軸という縦の連続体，周囲の人との関わりという横の連続体として理解できるようにしていくのである。

4. 主訴からやや遠い背景を聞く

　ここからは，それまでに聞いてわかったことをもとに，何を聞いたらクライエント理解，問題理解につながりそうかを考えながら，質問内容を選んで聞くことになる。すなわち，主訴に関連しそうだ，あるいは関連しているかもしれないとカウンセラー側が想定するような背景を中心にして，想定したことを検討しながら聞く作業になる。そのなかで，基本的に聞いておくべき事項としては，①現家族の構成，②生育歴，がある。

　①の現家族の構成については，本人がどんな人と暮らしていて，どんな生活をしているのか，経済面はどうなのか，などを大まかに知るための質問をする。家族構成員各人の年齢や職業，生活状況などを聞くとともに，それぞれの人の性格，本人との関係なども聞きたくなる。特に主訴となっている問題に関係が深そうな人物については，語ってもらえる範囲で詳細に聞きたい。

　家族について尋ねることで，家族全体の情緒的なつながり方や雰囲気を知るとともに，本人にとって情緒的なサポート源となっている人がいるのか，いるとしたら誰なのかも把握できる。また家族が現在抱えている問題，あるいは過去に抱えていた問題などが語られる場合もあり，そのことが主訴と関連していると考えられるときには，それを確かめる必要がある。

　②の生育歴については，本人がどんな家庭で育ったのか，家庭の雰囲気はどうだったかを聞くとともに，これまでの学校生活や職業生活，対人関係，知的能力やその偏り，重要な出来事や難しかったこと，苦労してきたことな

どを尋ねていく。それらについて答えてもらいながら，主訴となっている問題を理解するためのポイントになりそうなことが語られた場合は，それを詳細に聞いていくのである。

5. 主訴の背景にある問題を見立てる

　以上，主訴を聞き，それに近い背景からしだいに遠い背景へと裾野を拡げながら尋ねていく手順を述べた。これらのことを聞くのは，それらをもとにして主訴の背景にある心理的な問題を見立てるためである。

　心理的な問題とは，その人を取り巻く「周囲の環境や状況」とそれに対する「その人の応じ方」との相互作用の繰り返しによって生じた，無理のある心の状態の固定化と言えるものであり，その人の周囲の環境・状況の捉え方やそれらへの応じ方の固定化を含むものである。

　その人が周囲の人たちや状況をどのように捉え，どのように感じているのか，その人に特徴的な，偏ったものの見方や捉え方（たとえば，強迫的，自責的，被害的，無気力的など）が顕著なこともあれば，それによって結果的に生じた行動上の不適応（不登校，乱暴な行動や発言，回避的なふるまいなど）が問題になっていることもある。長年にわたってその人が周囲から受けてきた価値づけによって，その人がその環境に適応するために無理を重ねてきて破綻をきたしていることもあれば，その人が周囲の環境から得られないものを獲得しようとして行動するがうまくいっていないという場合もある。そしてこれらの背景に，発達的な認知の偏りや病理的な傾向が窺われることもある。

　クライエントから聞くことのできた訴えや事実関係をもとに，問題の所在を大まかに捉える作業が「見立て」であるが，ここで大事なことは，「見立て」とはカウンセラーである自分がクライエントの問題をどのように引き受けていくかを考えるための作業だということである。「クライエントはこのような背景をもつ問題を抱えて，このように訴えている。クライエントの求めに対して，自分は何を提供すべきだろうか」，「クライエントのこの問題を自分はどのように引き受けることができるだろうか」という視点から，問題の性

質を検討していくのである。

6. 専門職としての判断を伝え進め方を提案する

　初回の面接でクライエントに多くのことを語ってもらい，質問も重ねた。クライエントにとっては，必ずしも話しやすいことではない，これまであまり人に語ったことのない事柄や気持ちまで話してもらったかもしれない。だとしたら，初回の面接の終わりの方では，クライエントの抱える問題についてのカウンセラーの判断をクライエントに伝え，今後に向けての提案を行う必要があるだろう。

　話を聞くだけ聞いて，それで面接を終わりにしてしまったら，クライエントの心は宙吊りになってしまう。クライエントが心理の専門家に何のために話したのかと言えば，専門家としての判断や今後の方針を聞くためである。そのために，話しにくいことも話したのである。カウンセラーはその気持ちに応える必要がある。

　カウンセラーとしての判断を伝えるさいの留意点を2点，挙げよう。

　第1は，クライエントの心にどのように受けとめられるかを考えながら言葉を選ぶことである。そのためには，クライエントの文脈に沿ったものである必要がある。専門家ぶらず，誰にでもわかるような日常語で，なおかつ，その時点のクライエントの心の状態に合った，クライエントに響く言葉であることを理想にしたい。そして，あまり冗長にならず，問題のポイントを簡潔かつ的確に指し示すのがよいだろう。

　第2は，問題についての判断と今後の方針をセットにして示すことである。ある判断を述べるとともに，それにもとづいて今後の進め方を提案するのである。カウンセリングの継続を提案する場合もあれば，医療機関や他の相談機関を紹介しようと伝えることもある。あるいは，具体的なアドバイスをして，それを試みるための期間を設けたうえで再度来室するように勧めることもある。継続したカウンセリングを提案し，クライエントがそれに同意する場合は，面接の頻度やセッションの長さ（ふつうは50分程度だが，クライ

エントの状態によっては30分程度が妥当なこともある），有料の場合は料金を説明し，クライエントに考えてもらうことになる。

　以上のようにして，初回の面接を終える。クライエントの話を聞き，それに対する専門職者としての判断や方針を伝えることで，カウンセラーはクライエントからの情報提供に対するお返し（対価の供与でもあり，返礼でもある）をしたのである。それによってクライエントの気持ちに一応の納まりがつくとともに，抱えている問題に対して今後どのように向き合っていくのか，クライエントに見通しが生まれることが大切である。「ここで話すことが自分の役に立ちそうだ」と感じてもらうことが，カウンセリング継続の出発点になるからである。

第3章

カウンセリングを始める時期の留意点

　第2章では，初回面接の進め方について述べてきたが，それらのことを行ううえで，留意すべき点がいくつかある。この章では，その留意点をひとつずつ述べていくことにしたい。

1. 聞かれている理由がクライエントにわかるようにする

　前章に述べてきたような，主訴を聞いたうえでその背景を辿っていく作業は，機械的に順に行われるものではない。そうではなく，何が問題なのか，それがどのような背景をもつものなのかが，こちらだけでなくクライエントにも見えてくるように，クライエントとやりとりをしながら行う必要がある。クライエントにカウンセラーの質問の意図が見えにくくなると，返答は短くなり，一問一答のようになっていく。また「根掘り葉掘り聞かれる」と感じて不安が高まり，沈黙が増える。そうなってしまっては，こちらが聞ける情報量も減るし，人間関係も損なわれる。

　そのようにならないための留意点として，以下のことがある。①主訴を中核にして，主訴とつながるように聞いていく。②時間的・空間的に近いものから遠いものへと拡げるように聞いていく。③なぜそれを聞いているのか，クライエントにわかるように聞く。

　このうち，特に①が重要である。クライエントが相談に来たのは，主訴についてである。したがって，主訴と関連したことを尋ね，それを専門的立場から理解することが，カウンセラーに求められている役割である。主訴を中核にして，それとつながる内容を聞くことは，クライエントから見て当然であるし，自然である。つまり，面接でのやりとりは，常に主訴を中心におく

必要がある。主訴はピン止めのようなものと考えるとよい。そこが，すべてのことがつながる結節点だからである。常に主訴とのつながりを保ちながら，その背景を聞いていくのである。

次に②であるが，クライエントから見て主訴から遠いと思われることをいきなり聞かれるのは，戸惑うだろう。それらは，主訴にまつわるクライエント自身の連想から離れた内容なのである。こちらからの質問は，クライエントの連想が膨らんでいくような順番で聞く必要がある。クライエントの連想が膨らめば，こちらが得られる情報量も増えるからである。なので，時間的・空間的に，主訴に近いものから遠いものへ，という順に聞くのが原則である。ただし，質問に答えているうちにクライエントの連想が進み，主訴から離れたものに及ぶ場合がある。それがクライエント理解にとって重要なものであれば，そこに焦点を合わせて聞く必要がある。それが中心から逸れた枝葉に相当するものであるときは，しばらく聞いた後で話を元に戻すのがよい。

図3は，ここで述べたことについてのイメージを絵に描いたものである。

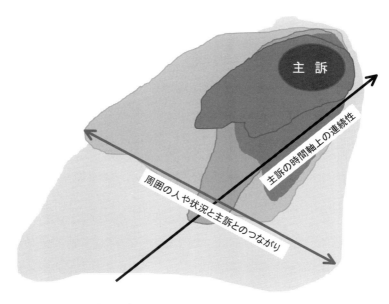

図3　主訴を中心にした縦と横への拡がり

主訴とからめて，主訴とつながるように，いろんな話がやりとりされる様子を示している。そして色の濃いものから薄いものへと，しだいに時間的・空間的に話を拡げていく。そのように進めることで，クライエントとの関係を築きながら，主訴の背景を明らかにしていくのである。

　③についてであるが，家族構成や生育歴などは，クライエントから見て，主訴から遠い，主訴とはつながらないものと感じられている場合がある。クライエントは「そんなことも聞くの？」と思うかもしれない。そのような様子のときは，なぜそれを聞くのか，こちらの意図をクライエントに説明しながら聞く。筆者はたとえば，「あなたがどんな生活をしているのかわかると，あなたの話を聞くのにイメージしやすくなると思うので，聞かせてほしい」とか，「あなたがどんなふうに育ってきたのか知りたいから，話せる範囲でいいから聞かせて」と伝えることがある。

2．聞くことは関係づくりである

　主訴を中心にして話を聞く作業は，問題を把握するための情報収集であると同時に，これからカウンセリングという共同作業を始めるための人間関係づくりでもある。情報はたくさん集まったけれどもクライエントは次回の面接に来なかった，ということになっては悲しい。それでは無意味であるどころか，有害である。カウンセリングにおける情報収集は，調査や研究とは根本的に異なり，クライエントを援助するという目的のために行われるものである。

　そしてカウンセリングという行為は両者の協働によって行われる作業であるため，情報収集そのものがクライエントにも役立つ機会になっていなければならない。クライエントには，「情報提供者」という受身的役割だけでなく，「情報収集者」という能動的役割をとってもらうように心掛ける必要がある。第1章3節〔pp. 7-10〕で述べた，援助・被援助の相互性の原理である。

　たとえば，外科や内科の問診においては，医師はある症状がどのような病気から生じるのか知っていて，その病気かどうかを確認するために，さまざ

まな質問をする。病気について知識のない患者の側は，聞かれたことに答える。そこでは患者は，純粋に情報提供者である。それが「治してもらう」ことにつながると信じているので，情報を提供するのである。

　カウンセリングでのやりとりはそれとは異なる。カウンセラーの質問に答えていくことにより，クライエント自身の連想が進んでいく。それによって，カウンセラーは新たな情報を得ることができるのだが，それだけでなく，クライエントの側もさまざまなことに気づいていく。「そう言えば，こんなことがあった」「そのことも確かに，この問題と関連している気がする」などである。

　このように，クライエントの連想が進むように，カウンセラーが的確かつタイミングよく質問することが重要である。ポイントを突いた質問はクライエントに響き，クライエントの連想を拡げていく。「カウンセラーに聞かれて話すことによって，自分の問題の姿がはっきりしてきた」というような体験をしてもらうのが理想である。そのような体験が起こると，クライエントは「ここで話すことが自分に役立ちそうだ」と感じるであろうし，「このカウンセラーは自分のことをわかってくれそうだ」と，カウンセリングに必要なラポール形成の芽が生まれる。

　ただし，問題の姿がはっきりすることでクライエントの不安が高まる場合もある。問題の中核になっているのが，クライエントの見たくないものであったりするからである。そのような様子が窺えたときは，カウンセリングの初期では，その話題はさらりと終わりにして別の話題に移るのがよい。しかし，そのことについてカウンセラーはしっかり覚えておき，カウンセリングの進展のなかでじっくり扱う必要があるだろう。

　なお，その話題についてさらりと終わりにするさいもカウンセラーは，言えそうだったら「これは，ちょっと話しにくいことなのですね」とか「そこのところはこれから考えていくことですね」などのように，言葉にしておくとよい。「そこが扱うべき問題のひとつのようですね」と，両者の間で確認しておくのである。そうしておくと，どこか先の方で，その問題に関連したことが出てきたときに，それを話題にしやすくなる。つまり，ポイントのと

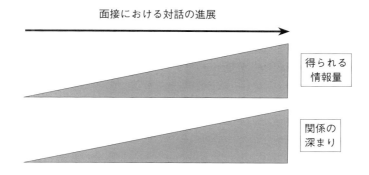

図4 情報収集と関係づくりとの並行した進展の理想図

ころに，両者に見えるような目印をつけておくのである。ここで言葉で確認しておかなかったら，先のところでそれが現れたときに，はじめて出てきたこととしてそれを扱わなければならなくなる。それではちょっと，もったいない。

図4に示したように，情報収集と関係づくりとが相互にからみながら，並行して進んでいくように心がける。もちろん，そのようにうまく運ぶ事例だけではないのだが，理想的なあり方として，ここに述べたことを念頭に置いておき，それに近づくように工夫していくのである。

3. 仮説を立てて検証するように聞く

前節で筆者は，カウンセラーの「的確かつタイミングのよい質問が重要」と述べた。それを言葉で言うのは簡単だが，実践は難しい。では，それを少しずつでも実現していくためには，どんなことに気をつけたらよいだろうか。筆者が思い当たるのは，以下の2点である。①クライエントの話のなかに問題の所在やポイントを探し，仮説を立て，それを検証するように聞いていく。②こちらが質問したときのクライエントの反応をしっかりと観察する。この2点について，説明しよう。

1. 仮説を立てて聞く

　ここで述べるのは，アセスメントに関連することである。まず①についてだが，カウンセリングにおけるアセスメントは，できるだけたくさんの情報を集積してから，それを広く見渡し，判断を行う，というようなものではない。そうではなく，まず少しの情報があり，その情報から気になることを見つけ，それを確かめるための質問を行うことによって次の情報をもらい，それによってある仮説を立て，その仮説を念頭においてクライエントの語りに耳を傾け，必要なら質問をしてやりとりを行い，その仮説を検証していく，というような流れである。

　この流れは一方向に進むとは限らない。「こういうことだろうか」と考えた仮説にもとづいて質問をしてみて，「どうもそういうことではなさそうだ」とその仮説を棄却することになり，「それなら，どういうことだろう？」と再度クライエントの話を白紙の状態で聞き，別の仮説を立ててその検証のためのやりとりを行う，ということも起こる。

　図5に示したように，仮説を設定したうえでクライエントの連想を聞き，その拡大に助けられて，「どうもこういうことらしい」と思えるようになっていく。しかしこれは「仮の検証」と考えるべきである。この筋にもとづいて援助や介入の方策を考え，実行するけれども，それを行いながら，繰り返し検証作業は続くと考える方がよい。図5のなかに△印や？印で示したような筋も残される。「こういう面もありそうだけれども，よくわからない」「今は確かめることが難しい」というような筋である。そのような筋も傍らに置きながら，カウンセリングを進めていく。進めつつ，考えていくことになるのである。

　カウンセリングで扱うのは，トータルな「全体」としての個人である。したがって，そこにはさまざまな要因がからんでおり，交錯し合っている。したがって，特定の要因だけで主訴となった問題を捉えることはできない。複数の筋がそれにつながっていると考える方が妥当である。カウンセリングで自分が扱っているのは，そのうちの主要なものだと考えておく方がよいかも

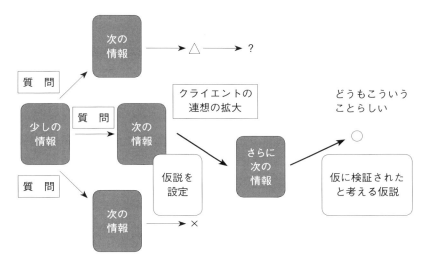

図5 仮説とその検証の流れ

しれない。

2. クライエントの反応を観察する

　次に②についてであるが，図5の「次の情報」に続く矢印で，○や△や×の印をつけている。これらは，こちらからの質問などの働きかけに対するクライエント側からの反応を観察することで得られる判断である。クライエントからの反応には，言葉だけではなく，表情や態度，雰囲気といったものも含まれる。むしろそれらの方が重要である。言葉では「そうですね」と同意していても，気持ちが動いているようには見えないこともある。したがって，それをしっかり観察することが重要となる。

　初心のカウンセラーはクライエントとのやりとりにおいて，自分がどのように言葉を発するのかに気をとられ，それで精一杯になって，こちらの言葉に対するクライエント側の反応には目が行きにくいかもしれない。面接後に記録を書くさいに，自分の言葉は想起できても，クライエント側の反応を思い出すのは難しかったりする。しかし慣れるにつれて余裕をもてるようにな

り，クライエントの様子に注目できるようになるだろう。日々毎日，数例の面接を行うような生活のなかで，私たちの感性は磨かれていくのである。

4. 時間の制限のなかで重要なことから進めていく

　カウンセリングは決まった時間枠のなかで行われる。初回の面接も，時間枠は決まっている。筆者は，50分，長くてもできるだけ60分で切り上げるようにしている。「インテーク面接」と呼んで90分程度の時間枠にする相談機関もあるが，筆者は初回にクライエントが自分の問題を語るのはとても疲れる作業だと思うので，2回目以降と同様の時間枠が妥当と考えている。

　したがって，その時間枠のなかで収まりをつけなければならない。基本的には，クライエントの話を聞いて見立てを行い，その判断をクライエントに伝え，今後どのようにするか（継続的な面接を開始するか，医療機関など他の専門機関を紹介するか，など）を提案して話し合い，面接を続ける場合はその契約を行う，という流れになる。このため，クライエントの話を聞く時間は，限られている。

　このことは，筆者を鍛えてくれているように思う。前節の図5に示したような流れを，コンパクトに行う必要があるからである。まず少しの情報を得たら，次に何を聞くべきなのか，何を聞けば理解が深まるのかを判断する必要がある。クライエントの発言だけでなく，表情，態度，様子なども感じ取りながら，判断していく。そしてクライエントに問いかけ，それに対する反応を見て，大まかな見立てを行う。

　このような作業をコンパクトに行うためには，今いちばん重要なことは何か，ということを常に判断する必要がある。じっくりと話を聞いて気持ちを受けとめることが重要なこともあれば，アセスメントのために質問をしていくことが重要な場合もある。医療機関につなぐことが第一目標だと感じて早々にクライエントを説得し，精神科受診について話し合うこともあるし，学生相談機関であるため，教職員にすぐに連絡をとって紹介する手はずを整える場合もある。このような判断を，時間の経過や次のクライエントが来る

時間を念頭に置いて行い，時間枠のなかに収まるように進めていくのである。

したがって，もう少し聞きたいと思っても，次回以降に後回しとなるものも多い。まず1回目で何をすべきなのかが優先され，それ以外のことは次に回すのである。このため，はじめから「面」で捉えるのではなく，まず「線」で捉え，2回目以降の面接でそれを拡げて「面」にしていくような手順になる。

このような手順を，筆者はけっこう気にいっている。「まずたくさん聞いて，面として捉え，それをもとに判断する」というのは，研究志向の考え方である。これに対してここで述べたような手順は，臨床の場に合ったものである。場に応じた手順を見つけ，それを実践していくのが，現場での実践であるだろう。

5. 「聞く」と「聴く」のバランスをとる

本書ではここまで，クライエントからの発話を受け取ることを「聞く」という言葉で表現してきた。しかしここからは，「聞く」と「聴く」とを区別して考えていきたい。両者はカウンセリングの実践においては，性質もねらいも異なる別々の行為である。日本語表現では同じ発音になってしまうため，区別をつけにくいのが残念である。発音においても区別するために，本書では必要に応じて，「聴く」を「傾聴する」とも表記することにしよう。

「聞く」とは，出来事や事実関係に関する情報を得ることを目的とした受信行為である。いつ，誰が，何を，どのようにした，などの事実を情報として受け取る作業であり，そこではこちらは，それらを明確にするために事実関係に関する質問を行うことになる。それによってクライエントの側は，「カウンセラーは事実を正確に聞こうとしている。そしてそれが伝わっている」という安心感を得るだろう。

これに対して「聴く」は，ある出来事や事実関係におけるクライエントの意図や考え，感情などの表出を感受し，受けとめることを目的としている。どんなつもりで，どんなことを考えてそれを行ったのか，そこで起こったことについてどんな気持ちがしているのか，などである。傾聴の作業において

は，クライエントの発話の内容を受信するだけでなく，発話のさいの表情や口ぶりなども重要な情報源となる。

「聴く」ことはカウンセリングにおいて，情報の収集に留まらず，より心理援助的な目的をもった行為である。傾聴はクライエントの心に変化を生み出すからである。「気持ちや考えを受けとめる」ことにより，クライエントの心に拡がった波紋が鎮まっていく。カウンセラーはそのことを知っていて，そのようなねらいのもとに，意図的に「傾聴」の行為を行うことになる。

表2に，「聞く」と「聴く」（傾聴）とを対比して示した。「聞く」行為においては，語られるのは言葉ではっきりと示すことのできる明示的（explicit）な内容であり，語る人（クライエント）と語られる内容との間には距離がある。ある事柄を対象化して語るからである。これに対して「聴く」行為においては，明示的に言語化される内容に加えて，語り方・口ぶり・語る態度などによって表現される暗在的（implicit）内容が重要な要素となる。語っている人自身の主体に近づいた内容の表現であるため，対象化は容易ではなく，

表2 「聞く」と「聴く」との対比

	聞　く	聴　く（傾聴）
語られる内容	事柄や事実関係	意図・考え・気持ち・感じ
語られる内容の性質	明示的（explicit）な内容	明示的内容に加え，暗在的（implicit）な内容も含む
語る人（クライエント）と語られる内容との間の距離	語る内容を対象化し，一定の距離をおいて語る	語る人の主体に近づき，距離が接近する
受信の仕方	語られる内容を聞く	語られる内容に加え，語り方・口ぶり・語る態度も聴く
受信する人（カウンセラー）の態度	情報の正確な把握	追体験・共感的
カウンセラーの意図・ねらい	クライエントの抱える問題やその背景の把握	クライエントの意図や考えの理解，気持ちや感じの受容
クライエントに生じる変化	情報伝達を行い，それが正確に伝わることによる安心感	抱えていた思いを表現・表出することにより，心の波紋が鎮まる

語る人と語られる内容との間の距離は接近している。

　受信するカウンセラーの態度も異なる。「聞く」行為においては必要な情報を正確に把握しようとする態度で臨むことになるが、「聴く」行為においてはクライエントによって表現されることを追体験し、ともに感じようとする態度で受けとめることになる。

　カウンセラーの行為は、カウンセリングの初期においては「聞く」こと中心で始まるが、カウンセリングが進行するにつれて「聴く」ことが主になっていく。そのため、初回面接においても「聞く」ことと「聴く」こととのバランスに留意する必要がある。

　クライエントが事実関係を説明しようとしているときには、それを明確にするための質問などを行っていくが、そこではクライエントの語る内容についてのやりとりが優位になる。一方、クライエントが気持ちを語っているときに事柄や事実を聞く質問（「聞く」行為）を行うと、クライエントの体験の流れを止めてしまうことになる。事実を聞くと、気持ちから焦点が逸れてしまうのである。クライエントが気持ちを語っているときは、それに耳を傾けてしっかり聴いたり、それを明確にする質問を行うなど、「聴く」行為が必要である。

　カウンセリングの初期では、ある事実を「聞く」ことが主になるが、そのなかで気持ちが語られ始めると一時的に「傾聴」を行い、そこから話が続いて別の事柄が話題になれば「聞く」に戻る、というようなプロセスが生じる。一方、カウンセリングの段階が進むと、「傾聴」が中心になり、そのなかで事実関係が語られるときには一時的に「聞く」作業が挟まる、というようなプロセスが生じるようになる。

　カウンセラーは自分の発する質問を2種に区別して考えておくとよいだろう。事柄や事実を尋ねる質問（すなわち「聞く」モードの質問）と、クライエントの気持ちや感じを明確にする質問（「傾聴」モードの質問）である。今発している質問はそのどちらなのか、意識しながらやりとりを行うのである。

　そして、クライエントがあることを語ったさいに、それに対してどちらの

モードの質問をするか，判断する必要がある。ここでは事実を聞くのがよいか，気持ちや考えを聴くのがよいか，とっさの判断である。クライエントとのやりとりの流れのなかで，それを決めることになる。

　筆者自身がどうしているか考えてみると，原則的に以下のようになるようだ。①まずは事実を聞こうとする。②そのなかでクライエントが自発的に気持ちを語り始めたときは，傾聴モードに入る。③クライエントが事実ばかりを語る場合は傾聴モードの質問を行い，気持ちに焦点があたるように促す。そして，傾聴モードの質問をしたらクライエントは気持ちを語るのか，それでも事実関係の話が続くのか，観察する。④気持ちを聴く作業が一段落したら，聞くモードに戻り，こちらが聞きたいと考える事実関係について質問する。⑤事実関係についてのクライエントの話がわかりにくく，聞くモードの質問をしたくなるときでも，クライエントが気持ちや考えを自発的に語る場合は傾聴モードを優先する。すなわち，その場合は事実関係をはっきりさせることよりも傾聴を優先し，事実関係の確認はその後にする。原則としては，筆者はそのような流れでクライエントとのやりとりを行っている。

6. 複数の人が相談に訪れた場合の対応

　カウンセリングには，複数の人が相談に訪れる場合がある。もっとも多いのは，問題を抱えた本人とその親が来室する場合であるが，筆者の職場である学生相談においては，学生を指導している教員や職員が学生本人とともに来室することもある。あるいは稀には，心配した友人が同伴して来ることもある。同伴者が友人の場合は，友人には待合室で待ってもらうのが基本であるが，親や教職員の場合は判断が必要となる。

　多くの相談機関の事情に一般化できるように論じるために，ここでは本人（思春期以上の年齢の人）と親とが一緒に相談に訪れた場合を想定して考えよう。その場合，どちらか一方に面接室に入ってもらって話を聞くのか，それとも同席での面接とするのか，どちらか一方とする場合，まず誰の話を聞くのか，を判断する必要がある。誰と面接するのかを初回面接の進行も含め

て考えると選択肢は多岐にわたるので，**図6**を参照しながら読み進めていただきたい。

　誰と面接するかの判断は，なるべく本人の方を向きながら，「どうしましょうか。君（本人）の話を聞きましょうか，それとも家の人と一緒がいいですか」と尋ねて，様子を見ながらやりとりをして決めるのがよいだろう。

　カウンセラーの姿勢としては，問題を抱えた本人の話を聞こうとするのが基本である。親は保護者として本人がどのような状態なのか話したいかもしれないが，カウンセラーとしては，困っている人自身に，自分のことを自分の言葉で語ってもらうことからカウンセリングを始めようとする。困っている当事者をクライエントと捉えて心理的援助を行うのが，カウンセリングの基本だからである。つまりまず本人と向き合って話を聞くことで，本人にク

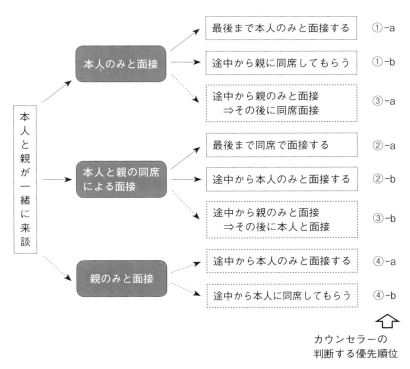

図6　初回面接で誰の話を聞くか

ライエント（来談者）としての意識をしっかりもってもらおうとするのである。したがって，本人が「自分ひとりがいいです」と言ってくれれば，本人のみと面接を行う。

　カウンセラーがまず本人と話をしたいという姿勢を示したにもかかわらず，本人がひとりで面接室に入ることを躊躇していたり，落ち着かなかったり，親に助けを求めるような様子が見えたりする場合は，カウンセラーは親にも「どうするのがいいですか」と問い，親の様子に目を向ける。親が本人に「自分のことを話してきなさい」というような様子であったら，「じゃあ，君の話を聞きましょう」と，本人のみの入室を促すのがよいだろう。一方，親が同席での面接を希望し，本人もそれを望む（あるいはそれを承諾する）様子なら，「では，一緒に入ってもらって話を伺います」ということになる。

　本人のみと話したうえで，面接の途中で親に入ってもらうこともあるし，同席面接の後で本人のみと話す場合もある。図6のさまざまな選択肢のうち，①と②で示した計4つの流れは，カウンセラーが来談者の様子や問題内容をもとに，そのようにしようと判断する範囲のものである。基本としては①を選びたいが，親子の様子から②を選ぶことも少なくない。

　一方，③と④の計4つの選択肢は，図中では破線で示しているように，カウンセラーが自発的に選ぶものではない。本人のいないところで話したいという親の希望や要請により，本人もそれでよいと言うならということで，しぶしぶ選ぶ流れである。それはなぜかというと，「本人のいないところで親のみからの話を聞くのは，できれば避けたい」「私は困っているあなた（本人）自身の声を聞きたい」というカウンセラーの意向を，本人にも親にも伝えたいからである。親から③や④の希望や要請があっても「ご本人もいるところで話しましょう」と伝えて，親の希望を断ることもある。

第 3 部

カウンセリングの継続と展開

第4章

傾聴を基盤にした関係づくり

　本章から第9章までの6つの章では,カウンセリングの継続と展開のなかで生じることや,それぞれの局面でカウンセラーとして留意しておくべきことを,さまざまな側面から論じていく。

　カウンセラーはクライエントとの共同作業のための関係を築きながら,クライエントが表現してくるものを受けとめ,問題の焦点を見きわめ,クライエントに働きかけていくことになる。関係づくり・働きかけという両者間でのインターパーソナルなやりとりと,それによってクライエントに生じるイントラサイキックな内面の動きとは,同時的,並行的に進んでいく。

　このため,本書でも,この両側面を区分けして別々に論じることはできない。インターパーソナルなやりとりについて論述したり,そのなかでイントラサイキックな側面について述べたり,ということになる。章によって,前者が中心になることもあれば,後者が主になることもある。振り子のように,その両面を行ったり来たりするような論述になるであろう。読者の方には,そのつもりで読み進めていくことをお願いしたい。

　まず第4章は,インターパーソナルな側面について考えるところから始めよう。

1. 同じ方向を向いて協働する関係づくりとそのモニタリング

　カウンセリング面接を継続して進めていくにあたってもっとも重要なことは,クライエントとカウンセラーの間に生じている人間関係に常に目を向けておくことである。両者が同じ方向を向いて協働する関係をつくり,それを維持しながらやりとりを深めていくことにより,カウンセリングの作業が進展するのである。

　神田橋(1997)は,対話という現象は2つの部分から成っていると考えると整理しやすいと言い,そのひとつは「わたし・あなた」という二者の関係

であり，いまひとつは「について語り合う」「のことを2人で観察し意見を出し合う」という，言葉を活用した関係のありようであると述べている。つまり，「話題，テーマ」という第三の存在をめぐってやりとりを行う三角形である。そして，「二者関係の対話は関係を深め，三角形の対話は共同作業の活動なのです」と言っている。

このような2つの部分から成る人間関係を築いていくことがカウンセリングにおける人間関係の基本と言えるであろう。これを絵に表すと，**図7**のようになる。

二者関係優位の人間関係の様相は，恋人関係，夫婦関係などを思い浮かべるとわかりやすいであろう。この二者関係が安定していて大きな波風が立たない状態だと，三角形の対話はうまくいきやすい。カウンセリングにおける人間関係においては，二者関係はあまり揺れずに安定していて，三角形の対話を進めるための「土俵」となるように進めるのが基本である。（後述するように，それが難しい局面もあるのだが）。

一方，三角形の対話優位の人間関係は，ふだんはあまり顔を合わせる機会がない者同士が集まって行う会議を思い浮かべるとよいだろう。二者関係に相当するようなヒューマンな関わりがなく，あるテーマについてのみ議論を行うような関係である。カウンセリングはそのような人間関係での議論ではうまくいかない。両者が二者関係としてのつながり感をお互いに感じながら，

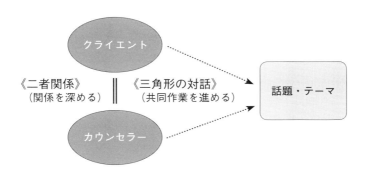

図7　カウンセリングにおける人間関係

その関係を土台にして三角形の対話を進めてゆくのである。

このような三角形の対話を生み出すモトになるのは，第2章2節の図2〔p. 30〕で主訴について述べたなかの，矢印Ｂ（原苦慮へのクライエントの姿勢・態度）である。

内面に感じられている原苦慮に対して，クライエントはある態度を向けている。抑えつけようとしたり，不快に感じて苛立っていたり，圧倒されてなすすべがなくなっていたり，内的違和感として見きわめようとしていたりなどである。クライエントとの対話によってこの矢印Ｂを確かめながら，原苦慮にどのように向き合うのがクライエントに役立つのか，ともに考えていこうとすることで，三角形の対話が始まる。矢印Ｂの性質が，それまでより少し受容的・好意的な態度，あるいは冷静で客観的に眺めるような態度に変化するように，カウンセラーは原苦慮に関わり，三角形の対話を進めていくのである。

また場合によっては，原苦慮ではなく，矢印Ｂの性質そのものを「話題・テーマ」にして三角形の対話をつくっていくのが有益だと判断することもある。「あなたは自分をいつも責めているみたいだね」とか「それを見ないように知らんぷりしてきたんだ」と伝えて，矢印Ｂの性質を話題の焦点にしていくのである。

一方，図2に示した矢印Ｃは，二者関係のスタートラインと考えるとよいだろう。クライエントがカウンセラーという援助者に対してどのような態度で臨んでいるのかが，矢印Ｃに示されている。援助を求めることについて躊躇，羞恥心，不安感が大きい場合もあれば，すがるような態度，あるいはわかってほしいという強い気持ちが表明されている場合もある。カウンセラーはそれを把握しつつ穏やかに受けとめながら，三角形の対話を進めていく。つまり，矢印Ｃを直接の話題にするのではなく，矢印Ｂをもとに三角形の対話を進めるのが原則である。そして話題・テーマをめぐっての三角形の対話が意味のある（あるいは役に立つ）ものとクライエントに感じられるようになれば，それによって信頼関係が生まれる。すなわち，「ラポール形成」と呼ばれるプロセスである。このように，三角形の対話がクライエントにとっ

て有益なものになることが，二者関係を育むモトになると考えておくべきである。

　以上のように述べると，面接における人間関係づくりはそれほど難しいものとは感じられないかもしれない。しかし実際にクライエントとの面接の作業を行うようになると，事はそれほど容易ではないことに気づかされる。何が起こっているのかわからなくなったり，自分がカウンセラーとして何をすべきなのか見えなくなることも稀ではない。そのような事態が起こる理由のひとつは，自分が当事者としてクライエントとの人間関係の真っただ中にいるからであろう。カウンセラーは当事者としてクライエントと関わりながら，かつ，その関係を観察し，考えていかなければならないのである。

　このことを示してくれているのが，サリヴァン（Sullivan, 1954）の「関与的観察」（Participant observation）という言葉である。彼は「精神医学のデータは関与的観察をとおしてのみ獲得できるものである」，「精神科医が一隅に身を隠しながら自分の感覚器を利用して他の人間の行為を認知することはできない。（中略）目下進行中の対人作戦に巻き込まれないわけには行かないのである。精神科医の主要観察用具はその『自己』である」，「科学的検討に適合してデータとなりうるものは過程および過程の変化である。これらが生起するところは（中略）観察者と被検者とのあいだに創造される場（状況，situation）においてである」（以上，中井による訳）と述べている。これは精神医学的面接についての論述であるが，カウンセリングにもそのまま当てはまると考えられる。

　私たちカウンセラーは第三者的に事態を観察するのではなく，クライエントと人間関係を結ぶ当事者のひとりとして場を構成しながら，そこで得られた事実をデータとしていくのである。これを図示すると，**図8**のようになるだろう。

　カウンセラーは面接関係で生じていることを観察（モニタリング）する力を磨く必要がある。クライエントと自分との間に生じている人間関係が今どのようなものになっているのかをモニタリングする力。そしてそれが不適切なものになっていることに気づいたら，それを軌道修正していく力。そのよ

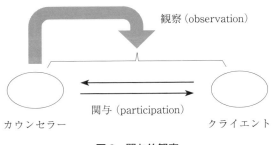

図8　関与的観察

うな力を身につける必要があるのである。

2. 聴くこと（傾聴）の意義

　第3章5節の表2〔p. 46〕で,「聞く」と「聴く」（傾聴する）とを区別し,両者を対比してその違いについて述べた。カウンセリングを継続するなかでは,そのうちの「聴く」行為がしだいに中心になっていく。言葉で語られる発言の内容だけでなく,語り方・口ぶり・語る態度なども含めてカウンセラーは聴き取り,クライエントの気持ちや考えを追体験し,ともに感じようとする態度が軸になっていくのである。

　このように,傾聴はカウンセリング面接においてカウンセラーの行う行為の中心になっていくわけだが,傾聴はクライエントに対してどのような援助的意義を有するのであろうか。第3章5節では,それによってクライエントの心に拡がった波紋が鎮まっていく,ということを述べたが,ここではそのことをさらに詳しく考えてみたい。日常生活での周囲の人たちとの関わりの体験を出発点にして考えるのがよいだろう。

　私たちは苦しいときや嬉しいとき,それを受けとめる相手を必要とする。人に受けとめてもらうことによって感情の高まりや興奮が鎮まり,心の波紋が和らぐのである。特に,悩みごとで胸が一杯になっているような状態のときには,そのことについて考えても思考は堂々巡りになり,解決策は浮かび

にくくなる。そのようなときにそれを誰か信頼できる相手に話すと，別に良い意見やアドバイスをもらったというわけではないのに，なぜか気分が軽くなる。そのような経験は誰にでもあるだろう。

　このような経験からすると，気持ちは本来，それを受けとめてくれる相手を必要としていると言えるであろう。悩みを抱えて心が弱っているときには特に，それが言えるのである。このことを考えるうえでは，ロジャーズの「共感」（empathy）についての論考（Kirschenbaum et al., 1989）や，ウィニコット（Winnicott, 1958）の「ほど良い母親」（good enough mother）についての論述が重要であるが，それだけでなく，マーラーら（Mahler et al., 1975）の分離個体化理論，コフートの自己心理学の理論（Ornstein, 1978）などを読みながら，連想をめぐらせることも役立つように思われる。

　また，誰かに自分の気持ちを話していると，自分の考えも整理されやすくなる。人に向かって話していると，自分の悩みの姿が見えてきて，それが見えやすくなってくる。そうすると，そこから解決の糸口も浮かんできやすくなる。つまり，内面に生じたことを言葉にして語ることは，それを外在化し，対象化することにつながるのである。自らの内にあったものを外のものにすることで距離感が生まれ，それをカウンセラーとともに眺めながらやりとりするような関係となる。前節で述べた，三角形の対話の成立である。

　聴くこと（傾聴）は，このような援助的意義をもつと考えられる。

3. 体験的応答の原則

　前節では傾聴の意義について論じた。では具体的には，カウンセリングにおける傾聴とは何をどのように聴くことなのだろうか。

　第3章5節〔pp. 45-48〕において筆者は，傾聴とは，言葉で語られる発言の内容だけでなく，語り方・口ぶり・語る態度などによっても表現される暗在的（implicit）な内容を聴き取り，それを追体験してともに感じようとするカウンセラーの態度であると述べた。このような態度を具体的な応答の仕方として論じたのが，ジェンドリン（Gendlin, 1968）の「体験的応答

(Experiential Response）の原則」である。筆者はカウンセリングにおいて，この体験的応答を基本的な傾聴の姿勢にしてきた。以前にこれについて述べたので，それを引用するかたちでこの応答原則を紹介したい。

＊　＊　＊　＊　＊

　ジェンドリン（Gendlin, 1968）によれば，「体験的応答」とは，来談者中心療法で「感情の反射」（reflection of feeling）と呼ばれてきた応答を再吟味することで発展させたものと言うことができる。「感情の反射」の場合，「感情」とは，愛，憎しみ，喜び，怒り，恐れのようなきわめてはっきりした特定の情動（emotion）のことを指すと考えられがちであった。しかしジェンドリンは，実際にはセラピストははっきりと明確な感情だけでなく，もっと複雑で暗々裡に感じられているような状況全体についての感覚や，状況についてのクライエントの意味づけなどの認知的成分も含めた全体，つまり本研究で「体験」と呼んでいるものに応答していく必要があることを強調している。そしてそれを，「体験的応答」と呼ぶ方がよりふさわしいと述べている。ジェンドリンの述べている，体験的応答の原則を箇条書きでまとめると，以下のようになる。

①クライエントの感じている，感じられた意味（言葉ではっきりとは言い表せないが確かに感じられているような感覚）に応答していく。
②新しいいろいろな面がそこから具体的に現れてくるように，感じられた意味を解明しようとする。
③そのために，セラピストは試行錯誤的にさまざまな方向を試みてみる。
④クライエントの体験的な軌道（感じられた意味のなかにもともと含まれている方向性）についていく。
⑤セラピストの応答は，クライエントがその瞬間に感じている感覚を正確に指し示さなければならない。
⑥クライエントが前よりもより多く，より前進して感じていけるように，クライエントが感じていることを明らかにしていく。
⑦クライエントだけが自分の軌道を知っている。セラピストは，クライエントの体験的軌道についてのクライエント自身の感じによって進ん

でいく。
⑧体験過程の推進が生じたことは，クライエントが生き生きとしてきて「確かにこんな感じだ」という実感を感じていることによって確認されるし，その時には新しい面が浮かびあがってきて話題の焦点（体験の内容）が移ってゆく。
⑨さまざまなオリエンテーションにもとづいた理論的な概念は，クライエントが今現在感じていることを体験の水準で指し示すのに使用できるとき，心理療法に役立つものになる。
⑩クライエントが感じていることを正確に十分に解明していくことが，心理療法の深さである。

以上，吉良（2002b）pp. 48-49

＊　＊　＊　＊　＊

引用したように，体験的応答とは，クライエントがその瞬間に経験している「感じられた意味」(felt meaning)，すなわち発言の内容だけでなく語り方・口ぶり・語る態度などによっても表現されている暗在的（implicit）な意味感覚に焦点を当ててそれに応答し，それを解明していくことを指している。そして解明が進むにつれて，クライエントは生き生きとした実感を感じ，そこからさらに新しい面が明示的（explicit）なものとして浮かび上がってくる。それはクライエントの感じられた意味にもともと含まれていた方向性，すなわち体験的軌道に沿って進んでいくプロセスなのである。（この体験的応答は，傾聴を超えてさらにクライエントに働きかけていく他の側面も有しているのだが，そのことは第5章の5節〔pp. 79-81〕に改めて述べることにする）。

ここに体験的応答の原則を紹介しながら論じてきたように，傾聴とは，クライエントの言葉や態度の背景にある暗在的な体験の流れについていき，クライエントがそれを言葉にしていくのを促すことであると言える。その具体例を挙げよう。

【事例の抜粋2】
大学4年次の女子学生。自宅から通学している。卒業論文に向けた研究

を進めているが,「卒業後の進路について悩む」,「親とどうつきあえばいいかわからない。別れて生活したいけれど,それがいいのかどうか迷う」とのことで来室した。父親とうまくいかず家にいても落ち着かないこと,大学の研究室でも常に緊張していて不安や自信のなさを感じていることが語られた。

　3回目のセッションで,クライエントは以下のように語った。「今している勉強とか趣味は,『嫌いじゃない』という感じ。研究もそう。『好き』と言うことには抵抗がある。ずっと好きでいられるだろうかと思ったり,周りに好きなものを知られるのが恥ずかしいとも感じる。好きなことが変わってもいいのだろうけど,恐いというか。言うことがコロコロ変わると思われたくない。信用されなくなるとか考える」。それを聴きながら筆者には,クライエントがいつも周囲を気にして警戒しているような感覚が感じられてきた。そこで,浮かんできたその感覚を言葉にして,〈周りにも自分にも安心感がないように感じるのだけど〉と伝えた。するとクライエントは,「母以外の前では,いつも身構えている感じがする」と語る。〈身構えている？〉と問うと,「きょうだいの前でもあまり本音で話せない。友だちや先生の前ではネコをかぶってる状態」と笑う。そして,「自分はだいたい聞き役。自分のことは話したくない。聞かれても適当に答える」と語る。〈友だちにも？〉と尋ねると,「あんまり深いつきあいをしたことがない」と言い,〈ここで話しているようなことは？〉には,「友だちには全然,話していない」,「ふつうの自分を出すと嫌われると私は思ってるところがある。出すのが恐い」と語った。

＊　＊　＊　＊　＊

　このセッションで,クライエントの語る「『好き』と言うことに抵抗がある」,「言うことがコロコロ変わると思われたくない」という言葉を,筆者はそれがどんな感覚のものだろうかと,感じ取ろうとするつもりで聴いていた。そのようななかで浮かんできたのが,〈周りにも自分にも安心感がないように感じるのだけど〉という言葉であった。カウンセラーのこの応答は,クライエントの暗在的な意味感覚に焦点を当てることになった。彼女が周囲の人

たちに対して「身構えている」こと，そして友人にも自分の思いをほとんど表現しないでいることが語られたのである。

　以上のような対話は，カウンセラーが多くのクライエントとの間で日常的に行っているやりとりであろう。クライエントの感じている暗在的な意味感覚を感じ取り，それを言葉にしていくような応答である。それによってクライエントには，自身が暗に感じていることに焦点を当てて吟味する作業が促されるのである。

　体験的応答についてさらに理解したい人は，吉良（2002b）を見ていただきたい。その書籍中に記載した事例Eにおいては，体験的応答の原則にもとづいたカウンセラーの具体的な発言やクライエントとのやりとりを詳細に紹介している。また，本書第9章の学生相談の一事例も参考になるであろう。その事例では，面接を開始した当初はクライエントのAさんは暗在的な意味感覚に目を向けることが難しく，それを「こわい」としか感じられなかった。しかしカウンセリングの過程で，内面の原苦慮からの響きに促されて，しだいに体験的軌道に沿ったプロセスが生じていった。カウンセラーの行った応答の詳細は省略されているために読み取りにくいかもしれないが，Aさんがしだいに自身の体験の暗在的な意味感覚を感じ取り，言葉で明示的に語るようになっていった過程を理解することはできるであろう。

4．傾聴について注意が必要な様相

　さて，ここで傾聴に関する注意点を述べておきたい。傾聴はカウンセリングに固有の中核的な援助行為と考えられているが，逆に傾聴がクライエントに不安や混乱を生じさせることもある，ということについてである。傾聴は，それによってクライエントに生じた心の波紋を鎮める作用をもつこと，そしてクライエントが自分の内面に生じていることについての理解を促す作用をもつがゆえに，心理的援助となる行為である。しかし状況によっては，傾聴がそれらとは異なる作用を生むことがある。以下，3つの様相について述べる。

1. 二者関係に問題の焦点がある場合

　まず，心に拡がった波紋を誰かに受けとめられるという人間関係のあり方（本章の1節〔pp. 52-56〕で述べた「二者関係」に相当するもの）が，そのクライエントの原苦慮となっている場合である。そのようなクライエントの場合，誰かに波紋を受けとめてほしいという強い欲求は感じているのだが，そこに根深い不安や不信がつきまとっている。そのため，受けとめられて心が鎮まってくるように感じると，それが逆に不安を喚起し，相手（カウンセラー）に対して不信感が生じやすくなるのである。このような現象は境界性パーソナリティ障害と呼ばれる対人病理を抱えた人たちに典型的に起こりやすいと言われている。

　そのような傾向がクライエントに顕著に見られる場合は，クライエントとの間に親密な雰囲気が生じるような人間関係は不適切である。距離をおいた理詰めのやりとりを行うとともに，不信感をお互いに言語化していく必要がある。その方が，安定した面接関係を築いていきやすい。

　しかし筆者は，このような現象自体は誰にでも小さな揺れ，ないし一時的な揺れとしては生じる，ノーマルな心理であるように思う。誰でもそのような気持ちを幾分かは感じるのではないだろうか。

　誰しも，気軽には人に話せないことを抱えている。その思いを自分ひとりの胸のうちに納めることで，自分を支えてきたという場合もある。つまり，人に気持ちを話すことには，そのことによって楽になる面と，話すことで今までの安定が壊れてしまうかもしれないという危険な面の両方があると言える。カウンセラーに話して一応の理解はしてもらったように感じたとしても，そこには何かしらの不安や後悔，カウンセラーは本当のところは理解できていないのではないかという不信感のようなものが残る場合もあると考えられる。

　したがって，カウンセラーはクライエントが自分の思いを語ることについて躊躇や抵抗があること，話したことで心の安定が揺さぶられる危険性もあることを理解している必要がある。そしてできれば，面接を重ねるなかで，

語りにくさ，語ることへの躊躇やためらいの気持ち，そして語った後の心地悪さなどを言葉にして語れるような人間関係を築いていくことを目指すのである。境界性パーソナリティ障害と呼ばれるような人たちは，その部分が大きく拡大して中心的な対人病理になっていると考えるべきであろう。

2．フラッシュバック

トラウマ（心理的外傷）と呼ばれるような処理しきれないほどの大きくて辛い体験があった場合，それによって自分の体験領域の全体が圧倒されてしまわないように，とりあえずそれを瞬間冷凍して疎隔化し，心の一角に閉じ込めている（西澤，1999）。しかしそれに触れてしまうと，その辛さが再び解凍され，なまのリアルな体験として蘇ってくる。それがフラッシュバックである。カウンセリングの場でカウンセラーによって傾聴が行われると，それまではそれに触れないように閉じ込めていた体験領域に目が向き，それに一気に触れてしまうリスクが生じる。それを支えるだけのしっかりした二者関係がカウンセラーとの間にまだ築けていない場合は，それに触れることは危険である。

このような場合はまず，支援する－支援されるという人間関係を堅固に築いていくことが重要である。そして，トラウマ体験についてはクライエントの側からそれに少しずつ触れていくような流れになる方がよい。その場合も，「今，そのことに触れても大丈夫か」ということをカウンセラー側から確認しつつ進める必要がある。

3．発達障害

第3は，発達障害の可能性のある人の場合である。彼らは，あいまいな事柄やうっすらと感じられることに注意を向けることが，きわめて苦手である。具体的で明確な事実については正確に把握して他者とやりとりできるが，漠然とした事柄について問われると困惑しがちである。傾聴モードでの暗在的内容を含んだ気持ちや感じについてのやりとりは，彼らにはひどく負担になるものであり，困惑を通り越して苦痛さえ感じるようである。

したがって，その傾向が見られる人とのやりとりにおいては，カウンセラーは対話のモードを切り替える必要がある。抽象的にならず，できるだけ具体的な事実関係を話題にし，気持ちを聞くさいも場面や状況を特定して尋ねる必要がある。その方が，クライエントは何を聞かれているのか，何について答えたらよいのか，わかりやすいと感じるようである。

筆者はふだん，傾聴モードを基本にしたやりとりが習慣になっているため，意識して応答のスタイルを切り替えるようにしている。気持ちや感じについても「聞く」モードに近い応答の仕方で尋ねるようにする方が，彼らにとって負担が少なく話しやすいし，対話が進むように思われる（吉良, 2015）。

5. 二者関係の話題の取り扱い

カウンセリング面接においては，二者関係については背景に留め，三角形の対話を進めていくのが基本である。しかし事例によっては二者関係が前面に現れて対話の焦点となる場合がある。前節の1で述べたように二者関係の話題が面接の中心になることもあるが，それは特異な事例であり，多くは面接過程のある局面でそれが表に現れる。しかしその局面は，面接関係の継続にとっての危機的状況であり，そのときの対応はきわめて重要になる。この節では，二者関係についての取り上げ方や対応について考えていきたい。

1. 二者関係を話題にするための下準備

まず論じようと思うのは，面接のなかで二者関係を取り扱うための下準備についてである。二者関係の話題は背景に留めるのが基本と述べたが，筆者は面接関係について折々に話題にする。そしてそれは，カウンセリングの開始の段階から行う方がよいと考えている。

具体的には，面接の進め方についての話し合いや意見交換であったり，面接の印象についての質問ややりとりなどである。初回面接を終えるときに「今日ここで話してみての印象を教えて下さい」とか，「今日話してみてどうだったか，後味も大事だから，来週来たときに感想を聞かせて下さい」と伝える

ようにする。そしてその後も折に触れて,「この面接は君にとって,どんな時間になってるだろうか」とか「しばらく面接を続けてきたけれど,これからどんな時間になるといいと思う？」と尋ねる。

つまり,必要なときにはいつでも二者関係を話題にできるような素地をつくっていくのである。そのためには,初回から少しでも話題にしておいた方がよいと考えてそうしている。これは,面接でのやりとりの中心はある話題やテーマをめぐっての三角形の対話であるが,それを支えている二者関係について,必要なときにはいつでも話題にする用意があることをクライエントに示すことになる。つまり,二者関係について語ることはタブーではないことを示すのである。

二者関係での齟齬が起こり,それが膨らんでいくと,クライエントはそれを語る前にカウンセリングに来なくなりがちである。そのことについて語れるような信頼関係をもてないまま,カウンセリングの場から立ち去るのである。したがって,齟齬が生じたときにはそれが膨らむ前に,それを話題にしてもらう方がカウンセラーは助かる。カウンセラーが早めに齟齬に気づければよいのだが,それがなかなか難しい。気づいていないから,それが膨らむような事態に至るのである。

これは,第1章3節〔pp. 7–10〕の「援助・被援助の相互性の原理」に述べたことである。クライエントに早めに話してもらうことで,クライエントに手助けしてもらえるように,下準備を進めるのである。田嶌(1987)は,彼の開発したイメージ技法である壺イメージ療法を行うにあたって,「患者のペースに沿って行なえるようになるためには,患者が自分の内的感覚に注意を向け,『無理』をキャッチし,かつそれにもとづいて治療のやり方やペースについて,治療者に(拒否も含めて)『注文をつけられる』ようになることが必要である」と述べ,それを「注文をつける能力」と呼んでいる。これは壺イメージ療法に限らず,どのような方法(技法)でカウンセリングを行っていても重要となる考え方である。必要なときにはクライエントに注文をつけてもらえるようにやりとりを進めるのが,カウンセリングの基本である。

2. カウンセラーから二者関係を話題にすることが必要となる場面

　カウンセリングを進めるうえで，クライエントとの間の二者関係をぜひ取り上げて話し合う必要が生じる場合がある。それを取り上げなかったら，カウンセリングが停滞してこれ以上進まなくなると判断される場合や，面接の継続が難しくなると考えられる場合などである。

　その典型は，クライエントの抱えている不適応と直接関係した人間関係のスタイルが，カウンセラーとの間でも同じように再現される場合である。たとえば，周囲の人や状況に過剰に適応しようとして無理が生じているクライエントが，カウンセラーの前でも愛想のよい表面的な関わりに終始する場合には，そのことを取り上げて話題にする必要がある。カウンセラーに不満を抱きながらもそれを表明できず，周囲への不満を繰り返し語る場合や，問題を解決するためにいつも周囲に頼っている人が，カウンセラーにも自分のために行動してほしいと求めてくる場合なども，それを話題にしてやりとりを行う必要がある。

　カウンセラーとの間で起こっている人間関係のスタイルを話題にしたり，カウンセラーに対して抱いている気持ちを言葉にしてもらうことによって，日常での人間関係とは異なる関係をカウンセリングの場に築いていくことが可能になる。そしてそのような場を築くことができれば，カウンセリングにおいて日常での無理の多い人間関係を話し合い，修正していくことが期待できる。以下に，二者関係を取り上げて話題にした例を挙げよう。

【事例の抜粋3】

　ここに示すのは，【事例の抜粋2】〔pp. 59-60〕と同じ事例である。
　「ふつうの自分を出すと嫌われる。出すのが恐い」と言うクライエントに，筆者は〈それについて考えていこう〉と伝えて面接の継続を提案し，彼女も「そうします」と答えた。しかし次のセッションで彼女は「卒論をなるべく早く書き終わって，自分のことを考える時間を作ろうと思う」と語り，カウンセリングを今回までにすると報告した。筆者は躊躇を感じながらも，〈そうするけど，必要と思えばいつでも来るように〉と伝えた。

およそ１カ月後，彼女は再度来室した。そして「卒論を書こうと思っていたけれど，何もしたくない感じ。私，何をしていても安心感がない。不必要に不安を作り出す。不安なんですよ。そっちに吸い取られちゃう」と語った。そのことについて，親への信頼感がないこと，友人にも「おしゃべりをすると，それが他の人に拡がるのが恐い」と感じ，「とにかく嫌われないように」とつきあってきたこと，寂しいと思うことはあるけれどもそれ以上の関わりは難しいことなどが語られたが，筆者はそこで，カウンセリングの場で自分について語ることをどう感じているのか，彼女に尋ねた。すると彼女は，「先生がたいくつしてるんじゃないかと思って」と言う。それに対して，〈そうか，そう思うんだ。たいくつはしていない。前に何度か来た後に区切りになって，そうしてよかったのかなあと思っていた〉と返すと，彼女は「あのときも，先生がたいくつしてるんじゃないかとか，先生の時間をとって迷惑をかけてるんじゃないかと思った」と語る。そこで筆者は〈（面接を）しばらく継続しましょう。放っておくとあなたは人に話すことにブレーキをかけてしまう人だから〉と伝えた。彼女は「これまでもそういうことがあった。いつの間にか，そのまま話さなくなったり」と語った。

　このようなやりとりの後，クライエントは週１回の面接に途切れることなく来室するようになった。

＊　＊　＊　＊　＊

このセッションで，筆者はクライエントがカウンセリングの場で自分の思いや考えを語ることをどのように感じているのか，話してもらうことが必要と考えてやりとりを行った。クライエントは周囲との人間関係において自分を表現することを「恐い」と感じ，「だいたい聞き役」になっている〔p. 60〕。カウンセリングがそのことを話し合って考える場になっていくには，自分について語ることへの不安や躊躇を表現してもらい，それが妨害物にならないようにしていくことが必要と考えたからである。

　彼女から「先生がたいくつしてるんじゃないかと思った」，「時間をとって迷惑をかけてるんじゃないかと思った」と語られて，筆者はクライエントが

そんな風に感じていたんだと，意外感と同時に納得感を感じた。そして〈しばらく継続しましょう。放っておくとあなたは人に話すことにブレーキをかけてしまう人だから〉と伝えた。彼女は自分の不安や恐れなどを語って相談したい思いを強く抱いている一方で，それにブレーキをかけて引いてしまう傾向をもっている。そのことを彼女に伝えると同時に，筆者はカウンセリングを続けるつもりであることを明確に表明したのである。それが彼女に安心感を与えることになると考えたからである。

　カウンセラーから二者関係を話題にするさい，それをいきなり，唐突に，正面から行うのは，クライエントに強い負荷を及ぼすことになる。不適応的であったとしても，クライエントにとっては日常で繰り返してきた，慣れた人間関係のスタイルを急に問題にされることになるからである。筆者は，二者関係を取り上げるさいには，以下のような工夫が必要と考える。
　まず，クライエントとやりとりをしながらカウンセラー自身が感じたことを言葉にして伝えることである。たとえば，表面的な話題に終始するクライエントには，〈面白い話をいろいろ聞かせてもらえるけれど，何かちょっと疲れるなあ〉とか，問題の焦点に近づくと話題を逸らすクライエントには，〈そこは大事な話かと思ったのだけど，急に話が変わって戸惑うなあ〉などである。そして次に，〈あなたはどうですか？〉とか〈そこはちょっと話しにくいの？〉というように，クライエントがどう感じているのかを尋ねる。そしてそこから，両者のやりとりが現在どのようなものになっているのかを話し合っていくのである。
　以上のように，①カウンセラーの感じを伝える，②クライエントの感じを語ってもらう，③カウンセリングの場のやりとりがどのようなものになっているのかを両者で話し合う，というように進めていくとよいだろう。
　そしてそれに続けて，④日常の人間関係とのつながりを話し合う。たとえば，ふだんの人間関係でも同じようなことが繰り返されている，同じようなことが特定の場面で起こっている，などを確認する。そしてさらに，⑤それがクライエントの抱える問題や不適応とどのようにつながっているかを話し

合う。たとえば,〈そこで自分の気持ちは引っ込めてしまって,イライラが残るんですね〉とか,〈相手に言ってもどうせ伝わらないと感じて,寂しい気持ちや,自分の力ではどうしようもない無力さを感じるわけですね〉などである。

以上のように,①～⑤を順に進めていくことを念頭に置くとよいであろう。もちろん,この順番どおりに進むとは限らないが,カウンセラーが念頭に置いておくべき手順として,参考にしていただきたい。

3. クライエントから二者関係が話題にされる場面

次に,クライエントの側から二者関係についての話題が語られる場面について検討しよう。その多くは面接に対する不満足や否定的な感想ないし意見,考えの不一致の表明であるが,前述のことからわかるように,それをクライエントから話題にしてくれたことを歓迎し,感謝するのが基本である。否定的な意見や不満足は確かに耳が痛い。それが妥当なものとは感じられず納得できないこともある。しかしそれを言語化してくれたことは,カウンセリングの進行にとって有益である。「話してくれてよかった」と言葉で伝えることが大切である。

そのような場面でもうひとつ大事なことは,これも当然のことだが,クライエントの表明した内容を冷静にしっかり聞き,それをともに考えていく姿勢である。急にこのような話題が出ると,カウンセラーは慌てたり,動揺したりしがちである。カウンセラーとしての経験を長く重ねても,それがなくなることはない。それまで齟齬に気づいていなかったため,不意を食らって不連続感が生じるからかもしれない。

そのようなときの工夫としては,これまでそのクライエントと面接してきた自分(カウンセラーAとしよう)と,クライエントの不満表明を聴いている自分(カウンセラーBとしよう)とを人工的に分離し,クライエントとカウンセラーAとの間で生じた問題を,別人のカウンセラーBとして聴いているようなつもりで話し合うことである。そうしながら,やりとりの途中で一時的にカウンセラーAに戻り,「そう言えば,あのとき僕は～と思っ

て，君にそう言った気がする。でもそのことを，君は〜と感じたわけだね」と答える。つまり，クライエントとカウンセラーAとの人間関係を「話題・テーマ」にして，三角形の対話を行うわけである。そのような対話により，うまくいけば，これまでの面接関係を振り返ってお互いの考えや気持ちを検討する機会になるであろう。

　さて，事例によっては，二者関係における対立，喰い違い，不全感が一貫して面接の話題になる場合がある。このような面接は情緒的に揺さぶられるため，カウンセラーにとってなかなか骨の折れる作業となる。不快感や怒りを刺激されながらやりとりを続けることに，苦痛を感じがちである。

　そのような事例では事態を回避したくなるのだが，それは逆効果である。回避の姿勢でいると，その事態は追いかける力を増すようである。こちらがそれを正面から受けとめようとする姿勢を示す方が，事態を混乱させない。そしてクライエントの表明する事実認識がカウンセラーの認識とは異なる場合は，こちらの認識を断固として主張する。逃げずにしっかり向き合い，対立すべきことにはきちんと対立することが，クライエントには「ちゃんと向き合ってくれている」という手応えに感じられるのではないかと思うことがある。そのような関係に至っているクライエントの背景（過去の人間関係や認知の特性など）を想像しながら，しかしそのことをその時点で話題にすることはあまり考えずに，対立的なやりとりを続けるのである。ただし，同害報復（目には目を，歯には歯を式の報復）は心理的な意味においても決して行わないことが肝心である。そのためには，クライエントの背景を想像して理解を深めることが有益である。

第5章

体験内容への働きかけと支え

　第4章では，傾聴を通じて行われる関係づくりについて論じるとともに，傾聴について留意すべき点や，関係をカウンセリングのなかで話題にするさいの工夫についても述べた。

　次に本章では，クライエントの語る悩みや心配などの体験内容に焦点を当てて，それに変化を及ぼすための働きかけ方について論じる。また，それと同時に必要となる支えの機能についても検討する。

1. 体験内容への働きかけ

　カウンセラーによる働きかけは，「体験内容への働きかけ」と「体験様式への働きかけ」の2つの相に分けて考えることができる。この章で論じるのは，そのうちの「体験内容への働きかけ」についてである。「体験様式への働きかけ」については，第7章と第8章で論じることにする。

　ここで「体験内容への働きかけ」と呼ぶのは，クライエントの認知や感情に影響を及ぼし，クライエントがそれまで構成していた意味空間に波紋（揺れ，動揺，不整合，不連続）を拡げ，それによって新たな意味を作り上げていくのを促すようなカウンセラーの介入作業のことである。

　クライエントは自分が現在抱えている問題について，固定した意味づけをしている場合がある。わかりやすい例で言うと，「自分は何をしてもうまくいかないダメな人間だ」とか「周りの人は自分を攻撃してくる敵だ」というような意味づけである。そして意味づけが固定していると，その意味づけに合致するように現実を認識しがちである。現実のうち，意味づけに合う部分に選択的に注意を向けてしまい，それ以外の現実は目に入りにくいからであ

る。そして「やっぱり自分はダメだ」,「やっぱり周りは敵だ」と捉えることになる。つまりそこでは,同じような内容の体験が反復されることになるのである。そのような場合は,クライエントの意味空間に不整合を生み出すような働きかけが必要になる。

あるいは,クライエントはそれまでは一定の意味空間に自分を位置づけてきていたのが,それとは異なるものが自分の内面に生じていることを感じて違和感を覚え,困惑,混乱の状態にある場合もある。そのような場合には,それまでの固定した意味づけをいったんゆるめ,自分自身についての新たな意味づけを模索する必要がある。

2.「聴く」と「訊く」

体験内容への働きかけについて考えるのに,河合（1977）や成田（1981）の論考が参考になる。

河合（1977）は,「受容」と「対決」について論じ,「受容（acceptance）は必然的に対決（confrontation）を生む」と言う。すなわち,カウンセラーの受容によってクライエントが自分のなかの対立する諸感情を感じると,それが内側で衝突する。潜在していた葛藤が顕在化され,その対決を責任をもって受けとめねばならなくなるのである。それはカウンセラーのなかにも複数の感情の衝突を生むものであり,受容しがたいことを受容する行為となる。つまり,クライエントが内面で対決を経験しているとき,カウンセラーも内面で対決を経験することになるのであり,そのことこそ共感と言えるものであると述べている。

成田（1981）は,クライエントの訴えや問いかけに対して,それと同一の水準でやりとりが行われることを「対称的交流」と呼び,それではクライエントの訴えの背後にあるものには届いてゆかず,クライエントは必ずしも満足しないと言う。そしてそれに対して同一水準で答えるのではなく,その問いが隠れたより深い局面での問題を含んでいることを明らかにしていくような交流を「非対称的交流」と呼んでいる。問題発生前の状況,発生のきっか

け，問題の増悪や軽快の契機などをたんねんにきき，それにまつわるクライエントの感情を明らかにすることで，問題と情緒的不安との関連がクライエントに見えるようにしていくような作業である。

これらの論考を参考にしながら，「働きかけ」について述べていきたい。

「働きかけ」と言うと，クライエントがそれまでにつくってきた意味空間に，カウンセラーが外からそれとは対立する別種の意味をぶつけ，衝突させるような介入を連想するかもしれない。しかし河合が言うように，カウンセラーの受容によってクライエントは自分の内面に相互に対立する諸感情を感じることになり，それが内側で衝突して対決の様相を呈することになる。つまり，カウンセラーが傾聴の作業を通じてクライエントの感じていることを解きほぐし，クライエントがそこにさまざまな感情を見つけていくのを促すこと自体が，働きかけの機能を果たすことになるのである。ただ，そのようになっていくには対称的交流の水準に留まってはならない。成田の言う「非対称的交流」が必要となる。クライエントの発話のなかに，隠れたより深い局面での問題を見つけていくような交流が生まれるとき，傾聴は働きかけの機能をもつことになるのである。

そのことを理解するのに，神田橋（2013）が「訊く」と表現していることが役立つ。神田橋は，「聞く」や「聴く」と対比させて述べながら，「訊く」とは「尋ねる，質問するということ。質問するとは，じいっと聴いていると疑問が出てきて，そこのところをもう少し理解しようと，疑問が出てきたところについて訊ねる」ことだと言う。

つまり傾聴とは，「聴く」だけでなく，聴くなかで生じた疑問について「訊く」ことにつながるものである。「訊く」は「聴く」の延長線上にある。ジェンドリンは第4章3節で説明した体験的応答の原則〔pp. 57-61〕を示すことで，暗在的な意味感覚に焦点を当てた応答によってそれが解明されていくと，それにつれてさらに新しい面がそこから浮かび上がってきて体験的軌道に沿った動きが生じることを描き出している。カウンセラーがクライエントの話を聴きながら，何か見えにくく感じるところ，すんなりわかりにくい感じがするところに，暗在的な意味感覚が眠っている。この「暗在的な意味感覚」の

在りかは，鍼灸のツボのようなものと考えたらよいかもしれない。それを見つけ，それに焦点を当てて訊いていくと，体験的軌道に沿ったプロセスが進み始めると言うことができる。

このような作業を進めていくためには，カウンセラーがクライエントの語ることを追体験するつもりで聴くことが大切である。クライエントの感情の流れに沿って，クライエントの起伏と同じようなカーブを描くつもりで話を聴くのである。そうしていると，流れに乗りにくい，ついていきにくい箇所に行きあたり，そこに質問を挟みたくなる。クライエントの語っていることと表情や口ぶりがどうも噛み合っておらず，しっくりこない気がして，確認したくなることもある。追体験の姿勢を保つことによって，「聴く」から「訊く」が生まれてくると言えるだろう。

そのようなカウンセラーの「訊く」質問に応えて，クライエントが自分に内在する暗在的な意味感覚に注意を向けていると，そこから新しい意味が浮かび上がってくる。ジェンドリンの用語で言うと，明示的（explicit）な意味の発生である。そこには新鮮な発見感が伴う。「自分がどんなふうに感じているのか，どんなふうに考えているのか，はっきりしてきた」というような感覚である。そしてさらにそこから，内面を探索する作業が進められていく。このようなプロセスを絵で表すと，図9のようになる。

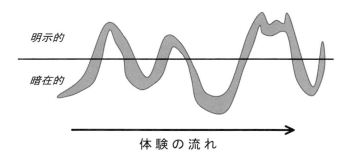

図9　傾聴によって生じる暗在的意味と明示的意味のプロセス

3. 問題の焦点の明確化と意味の提示

　体験内容への働きかけには，ここまでに述べてきた「傾聴」および「疑問点を訊く」ことだけでなく，さらに一歩踏み込んで，問題の中核となっていることに焦点を合わせ，それを明確化していく作業が含まれる。漠然と疑問に感じたことを訊くだけでなく，それにもとづいてクライエントの抱える問題のポイントを捉え，そこに焦点を当てて明確にしていくのである。

　この作業はカウンセラー側がある程度能動的になって行う行為である。「ここがポイントかもしれない」と感じたら，その文脈でクライエントのさまざまな語りを聴き，それらにつながりを見つけていくのである。そして，それがクライエントに伝わるように質問をしたり，感想を伝えたりする。そのような働きかけをしながら，それらに対してクライエントがどのような反応を見せるかに注意を払うことが大切である。クライエント自身がその文脈に実感ないし手応えを感じられるかどうかである。実感がもてない様子なら，その文脈は体験的軌道に沿ったものではないかもしれない。その場合は再度，白紙に戻ってクライエントの話に丁寧に耳を傾ける必要がある。そのような行ったり来たりのやりとりを続けるなかで，あるテーマがくっきりしてきたり，あるいはぼんやりと霞んだりを繰り返しながら，しだいに両者に焦点が見えてくるのである。

　その過程で，カウンセラーに見えてきた問題の姿やストーリーを言葉で伝えることもある。「君の話を聴いていると，こんな感じがしてきたよ」とか「こんなふうになってるような気がしてきたよ」というような意味づけの提示である。しかしその場合も，そのような意味の提示によってクライエントに視野が開かれるような感覚が生じるかどうかが重要である。カウンセラーの言葉によってクライエントの意味空間に不連続が起こり，その不連続が視野の拡大につながるかどうか。それを見きわめながら，カウンセリングの作業を進めていくことになる。

　筆者は意味づけを提示するさい，比喩を使ったやりとりを行うことが多い。視覚的なイメージを両者で共有しながら，対話を行うのである。そのような

例を挙げよう。

【事例の抜粋4】

大学1年次の男子学生。「自分に何かができると息巻いて入学したものの，さまざまな講義を受け図書館で本を漁るうちに，何もできない，今からどこまで這い上がらなければいけないのか，恐怖めいたものを感じてきた。あきらめて逃げてしまいたいが，それは今まで世話になった人に申し訳ない。前にも後にも動けない状態が苦しくて仕方がない」との主訴で来談した。

小学生の頃に周囲とのトラブルから長期の不登校状態となったが，そのときに身近な親戚に支えられ，その後はその人の応援を得て必死で勉強に向き合ってきて，志望の大学に入学した。入学後も学業に精を出す生活をしているが，専攻領域の専門書や論文を読むうちに，恐怖を感じるようになったと言う。

2回目の面接では，中学・高校では周囲とトラブルを起こす彼を「皆が警戒した」と語り，「人が近くにいることに安心できなかった」と言う。そして「感情の出し方がわからない。『楽しい』がわからない。くやしい，悲しいはわかるけど，それは押さえ込んでアタマを別のことに使った方がいいと思った」と語る。

続く3回目で，専門書を読んで「これを延々と何十年もやるのかと恐怖を感じる。対象がでかすぎる」と言う彼に，〈これまで話を聞いて，戦いのイメージが浮かぶ。周りを警戒して，おびえているような〉と伝えると，「図星を突かれたような……。確かにどこかで戦うイメージ。川を上流に向かって泳いでいるような。止まったら下に流されるような。大学受験も滝のぼり。その後，掻くものがなくなっているのに，上に，上に，となっている。止まってしまえば滝に落ちる」と語る。そして「高校までの感覚を変えられなくて，コイが上に向かっていこうとしているような。それより上に上がれなくて，そこでビチビチ跳ねている」と言う。筆者が〈ギアチェンジできないの？〉と尋ねると，「んー，頭ではわかるけど……。今

まで，価値観が白か黒。善でなければ悪。第三の道がない。正解以外はみんな間違いというような。ゆっくり上がっていくとかはなくて」と語る彼に，〈上下運動になっている。（グラフの）横軸の時間軸がないなあ〉と伝えると，彼は「長い時間をベースにして，それをどう設計するとか，考えたことがない。毎日全力。時間を込みで考えたことがない」と語った。

＊　＊　＊　＊　＊

この事例では，筆者からは〈戦いのイメージが浮かぶ〉と伝えたが，それをもとにクライエントは自発的に「コイの滝のぼり」のイメージを語った。そこで，それを共有しながら，そのイメージに沿ってやりとりを行い，〈時間軸がない〉というメッセージを伝えることができた。

このように，当初はカウンセラーからあるイメージを示したとしても，それを両者で共有するうえでは，クライエントがそれを膨らませて自発的なイメージを思い浮かべてくれる方がさらに有効である。そのような展開になれば，クライエント製のイメージに沿ってやりとりをしていくのがよい。それを描画しながら対話を行ってもよいだろう。

4．注意の仕方の2種とその間の往復

これまでに述べてきたように，カウンセラーによる働きかけは，クライエントが自身の内界に向き合いながらカウンセラーに向かって表現してくることを受けとめることで深めていく動きと，受けとめたことをもとにカウンセラー側が問題の焦点を見出し，それを意味として提示する能動的な動きとの両面から成ると言うことができる。

この両面の動きの基盤にあるものを，エイミー・ミンデル（Mindell, 1995）は2つの注意の仕方として語っている。彼女は夫のアーノルド・ミンデルとともにプロセス指向セラピストとしての仕事にたずさわっているが，セラピストのテクニックの背景にある態度を「メタ・スキル」と呼んで論じるなかで，そのことを示している。

それは，「拡散・のんびり・とりとめがない・空っぽ」という注意と，「精確・

集中・隙のない」という注意である。そして，この２つのタイプの注意力の間を往復する流れに従うことを，「魚釣り」という興味深い表現で語っている。そこに表現されているのは，筆者の論じていることとは香りや肌合いはだいぶ異なるのだが，カウンセリングの実践においてきわめて重要なことである。筆者なりの言葉にすると，以下のようになるだろうか。

　ひとつは，釣り糸を垂らしてぼんやりしているときのようにクライエントの語りを聴きながら，そこに流れている暗在的な体験の流れに身を任せるような注意の仕方である。クライエントの語りにはさまざまなニュアンスや音色が混在し，また瞬時にその色合いが入れ替わりながら動いていく。それを受けとめて応答していると，さらにその背後にあったものが下の方から湧き上がってくる。そのような注意の仕方でやりとりをしているときには，カウンセラーの注意の焦点は定まっておらず，拡散的であり，多様なものが多様なまま自分のなかに流れ込んでくるような状態である。それらを受けとめていくことで，語りは深まっていくのである。

　一方，そのような拡散的な注意のなかで，カウンセラーにグイと引っ掛かるものが生じる。エイミーの表現で言えば，釣り針に魚がかかった瞬間である。「おや」とか「あれ」とというような思いがカウンセラーに浮かび，そこに注意が焦点化される。そしてその引っ掛かりを体感しながらクライエントの話を聴く。そうすると，クライエントの語りのなかに一連の文脈が感じ取れてくる。そこから問題の焦点を明確化したり，それをカウンセラーからの意味づけとしてクライエントに伝えたりすることになる。

　前節に紹介した【事例の抜粋４】を例にすると，カウンセラー（筆者）は数回の面接の間，クライエントの語る話を拡散的な注意の仕方で聴いていた。さまざまなニュアンスのものが多様なまま流れ込んでくるような状態である。そうしているうちに，カウンセラーのなかに引っ掛かりが生じた。そしてそれを体感で確かめながらクライエントの話を聴いていると，その姿がくっきりしてきて，それを「戦いのイメージ」としてクライエントに伝えることになった。それがクライエントに受けとめられることで，クライエント自身による「滝のぼり」のイメージが生まれたのである。

カウンセリングのプロセスは，この2つの注意の間を往復する流れである。釣り針に魚がかかったと思っても，その文脈でやりとりしているうちに再び焦点が拡散してきて，注意の仕方を傾聴の姿勢に戻す動きも生じる。この往ったり来たりの繰り返しのなかで，ぐっと引き込まれて話題の焦点が定まり，そこから新たな展開が起こることもある。

　いったん文脈が見つかったと思っても，カウンセラーはそこに固執しない方がよい。拡散から集中への動きも重要だが，集中から拡散へと動くことも大切である。面接でのやりとりの流れによって，ここは粘った方がよいという場面もあるが，焦点化しすぎずに流した方がよいこともある。特に，引っ掛かりが特定の理論と合致しているように思えてカウンセラーのなかで知的な思考が活発になるときは，クライエントの実感を無視してカウンセラーが独走しがちである。それに早めに気づき，そこから抜け出すことが肝心である。再び傾聴の姿勢に戻っても，それがクライエントの主要な文脈であれば，それに関連した話題は再び語られることになるからである。

5. 体験的軌道に沿った働きかけ

　第4章の3節〔pp. 54-58〕では「体験的応答」を傾聴の具体的な応答の仕方として紹介したが，実は体験的応答は傾聴だけでなく，ここに述べた働きかけの全体を含むものである。体験的応答の10原則を再読すると，「③（感じられた意味を解明するために）セラピストは試行錯誤的にさまざまな方向を試みてみる」とか，「⑥クライエントが前よりもより多く，より前進して感じていけるように，クライエントが感じていることを明らかにしていく」と述べられている。つまり，暗在的に感じられている意味に焦点を当ててそれが明示的な意味になっていくのを促すのが体験的応答である。したがって，そのための働きかけとしては，これまでに述べてきたような「聴く」ことや「訊く」こと，そして「問題の焦点の明確化」や「意味づけの提示」などを多様に織り交ぜていくことが求められるのである。

　このような観点から図10にカウンセラーの行う働きかけの諸相の全体を

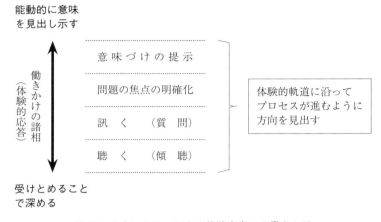

図10　カウンセラーによる体験内容への働きかけ

示したので，見ていただきたい。

　体験的応答について述べるなかでジェンドリンが強調しているのは，これらの働きかけのそれぞれが，クライエントの体験的軌道についていくかたちで行われることが重要だということである。クライエントのなかの「感じられた意味」は，それ自体が進むべき方向性を内在している。カウセラーはやりとりのなかで，それを見つけ，それに沿って進んでいくことを目指しているのである。

　そのためには，クライエントにその意味づけが合っているかどうかを確かめてもらう必要がある。その方向が合っているのか否かは，クライエントが自身の内面の「感じ」に照合することで確認されるからである。体験的応答の10の原則のうちの⑦に述べられているように，「クライエント（精確には，『クライエントのなかの感じ』と言うべきだが）だけが自分の軌道を知っている」。したがって，カウンセラーはクライエントが実感ないし手応えを感じているかどうかを確かめながら進むのである。

　先に述べたように，カウンセラーは「君の話を聴いていると，こんな感じがしてきたよ」とか「こんなふうになってるような気がしてきたよ」という

ような意味づけを提示することがあるが，そこに「君はどう思う？」や「どう感じる？」という言葉を添えるのが重要である。カウンセラーのその言葉を聞いてクライエントがどう感じるか，内面の「感じ」との照合の作業をしてもらうのである。そして照合の結果として，どんな言葉がクライエントから返ってくるかを確かめ，カウンセラーは次のやりとりを考えていくことになる。

6. 支えの機能

　さて，働きかけの作業は，支えの機能なしでは成り立たないことを述べておく必要がある。働きかけが安全かつ着実に行われていくには，カウンセラーによる支え機能が必要である。「支え」とは，意味空間に波紋が拡がるのを可能にする，そして波紋を受けとめるための土台となる，安定した二者関係である。支えがあることによって，拡がった波紋はしだいに新たな意味へと結実していく。

　安定した二者関係は，第4章1節〔pp. 52-56〕に述べたように，三角形の対話がクライエントに意味あるものとして感じられることによって築かれていく。つまり，三角形の対話の充実が二者関係を深め，それがさらに三角形の対話を充実させていく，というらせん式の経過を辿るのである。第3章の2節〔pp. 39-41〕では聞くこと（情報収集）が関係づくりと並行して進むことを述べたが，それは三角形の対話についても同様である。情報を集め（聞く），考えや気持ちを傾聴し（聴く），質問を挟み（訊く），問題の焦点を明確にし，意味を提示する，という一連の三角形の対話を続けることが，二者関係の深まりにつながるように心掛けるのである。

　滝川（2004）は，ロジャーズの来談者中心療法について論じるなかで，「支持的心理療法でいう『支持』とは，橋脚が橋梁を支える意味での『支持』である」，「橋梁へ10トンの荷重がかかればちょうど10トンの応力で30トンなら30トンの応力で橋脚は橋梁を支え返す」と語り，「しなりや揺れによって荷重を支えて，柔軟なクッションのように保護する」ことで「急激な『変

『化』がそっと抑えられる」というコンサーヴァティズムが，支持的心理療法の基底に据えられたコンセプトであると言う。しかし一方，「クライアントの悩みや困難のあり方をできるだけ深く根底的（ラディカル）に掘り下げて理解しようとする姿勢」となって生きてくるのが支持的心理療法におけるラディカリズムであると述べ，「関与はコンサーヴァティヴに，理解はラディカルに——この二重性とバランスとが支持的心理療法の生命線ではないかと思う」と論じている。

　この滝川の論考は，ぜひ読んでいただきたい文献である。クライエントから伝わってくるものをできるだけ深く根底的に掘り下げて理解しようとすること，そしてカウンセラーとしての理解がクライエントに「自分が理解されている」という実感を伴って伝わっていることが，安定した二者関係を築き，橋脚が橋梁を支えるようにクライエントを支えるのである。

【事例の抜粋5】

　第4章で【事例の抜粋2】〔pp. 59-60〕【事例の抜粋3】〔pp. 66-67〕として示したものと同じ事例である。

　カウンセリングを始めて4カ月が経った頃の面接で，「ノドが詰まった感じがずっとある」という話から，クライエントは以下のように語った。「今まで自分が無理をしていたのか，よくわからない。楽しかったことも悲しかったことも，何もないんです。不安や満たされなさしか，引きずっているものがない。いやだなーというのだけはわかる。内側がとても静かで不気味。何も感じない。新年会で人と話していても，自分の輪郭線だけがガクガク動いているような。声はするけど存在するのがよくわからない。精巧にできているのに現実じゃないような。すごい変な感じがします。ずっと前に死んだ子の記憶のなかで生きているんじゃないかと感じたりする（涙）。ほんとに嫌なんですけど，自分がいない感じ。自分はいないのに，頑張ってるような」。このように語るクライエントに，筆者は返す言葉を見つけられなくなり，沈黙がちになるが，やっと発した言葉は以下であった。〈でも僕は今，あなたを感じている。だから大丈夫〉。

この後，医療機関を紹介し，連携しながらその後も面接を継続することになった。

　　　　　　　＊　＊　＊　＊　＊

　この抜粋の終わりのところに記述した筆者の言葉がどれだけクライエントの支えになったのかは，よくわからない。しかしこのやりとりの瞬間に返す言葉としては，これが筆者にとって精一杯のものだった。そしてその後も面接を続けることになった。滝川の言う「橋梁を支える橋脚」の譬えは，このやりとりを振り返ったとき，筆者にはとてもしっくりと感じられるものであった。

第6章

言葉による表現とノンバーバルな表出

　第4章および第5章では，主として言葉でのやりとりを通じて，クライエントとの関係を築きながら働きかけていくことにより，クライエントに変化を生み出すような道筋について論じてきた。
　本章では，クライエントとカウンセラー双方の態度，ふるまい，表情，口ぶりなどのノンバーバルな側面を取り上げる。それがカウンセリングにおいて果たしている役割や，言葉による表現とノンバーバルな表出との関係について考えていくとともに，カウンセラーのノンバーバルな表出がクライエントに変化を及ぼす側面について論じることにする。

1. ノンバーバルな表出の重要性

　カウンセリングはクライエントとカウンセラーとが対面して行われるのが基本である。両者がお互いの顔や姿を見ながら，カウンセリングの作業は進められる。そこでは言葉だけでなく，お互いの態度，ふるまい，表情，口ぶり，雰囲気などが相手に伝わり，影響し合う。カウンセリングの過程においては，両者のノンバーバルな表出が重要な役割を果たしている。
　近年，電子メールを利用して，文字を媒介にしたカウンセリングを行う相談機関もある。しかしこれはクライエントにとってアクセスしやすいという意味で便利な手段である反面，カウンセラーの側にはきわめて高い負荷のかかる方法である。相手の姿や表情，口ぶりなどがわからないなかで，文字の背後にある相手の思いを読み取らなければならないからである。電話でも，なかなか難しい。相手の姿や形が見えないなかで，声の調子や口ぶりを頼りにやりとりを進めることには，困難が伴う。一度顔を合わせたうえでなら一

時的には電話でのカウンセリングも可能かもしれないが，そのような場合でも，声だけでやりとりを続けることにはお互いに心許なさがつきまとう。メールや電話でしかアクセスすることが難しい人にカウンセリングの機会を提供しようという姿勢には大きな意義を感じるが，それに内在する不安定さやリスクは十分に検討される必要がある。さまざまな工夫も行われていることだろう。

メールや電話でのカウンセリングについてこのように考えていくと，カウンセリングにおけるノンバーバルな表出の重要性が浮かび上がってくる。それなしにはカウンセリングを行うことはきわめて難しくなるというくらい，重要な位置を占めているのである。

本章では，カウンセリングの場での表情など，ノンバーバルな表出をめぐって筆者の考えを述べてみたい。そのなかで特に，ふだん論議されることの少ないカウンセラーの側の表情に関して，その表出の仕方やそれがクライエントに及ぼす作用と考えられることについても論じることにしたい。なお，ここではノンバーバルな要素によって相手に伝わる可能性のあるものを「表出」と呼び，言葉によって伝わるものとノンバーバルな表出とを併せたものの全体は「表現」と呼ぶことにしよう。

2. 言葉と表出の関係

カウンセリングの記録は，公表される事例報告にしても学会や研究会での事例検討の資料にしても，だいたいが語られた言葉で占められている。それでもクライエントについては，カウンセラーの気づいた表情などノンバーバルな要素が報告されて論議の対象になることはあるが，カウンセラーの表情などが論議されることはあまりないように思う。しかし，カウンセリングが人間同士の関わりを基盤とした営みである以上，言葉以前のカウンセラーの雰囲気，表情，身ぶり，口ぶり，服装など，ノンバーバルな要素がクライエントに大きな影響を与えていることはごく当然のことであろう。

筆者がカウンセリングを学び始めたころ，学会に参加してのいちばんの収

穫は，本などで名前を知っている先生方を実際に「見る」ことだった。カウンセリングのさまざまな理論を学んだり，テキストに記載された事例などを読んでいくうえで，それを書いた人がどんな雰囲気なのか，どんな表情，口ぶりで対話をするのかを見ておくと，書物に書かれた文字の背景が格段に理解しやすくなるように感じた。これなども，カウンセリングにおけるノンバーバルな要素の重要性を表しているのではないだろうか。

　言葉は，そのようなノンバーバルな要素の上に乗って，意味を伝達する手段だと言えるであろう。料理を乗せた食卓，人が歩いている地面を考えると，言葉は料理や歩いている人であるのに対して，ノンバーバルな要素は食卓や地面である。食卓や地面にはふだんはあまり目を向けられないが，それなしには私たちは食べることも歩くこともできない。それと同様に，言葉だけではカウンセリングの営みは成り立ちにくい。ノンバーバルな要素を前提にして，言葉は輪郭の明瞭な意味を伝達するのである。

3．ノンバーバルな表出の相反する2つの特徴──言葉との対比

　対人関係において表情などノンバーバルな表出がどのように作用しているかを考えてみると，表情には奇妙な性格が内在していることに気づく。そしてそれは言葉の性格と対比させることによってより明らかになるように思う。

　まず，表情は基本的に生身の個人の属性と言えるであろう。いくら親しげに語り合っていても「目が笑っていない」と感じることもあるし，体調の悪さも表情に出る。ニッコリと作り笑いをしていても本当の笑顔かどうかはわかるものである。そこには生身の個人が顔を出している。つまり，表情と生身の個人との間には基本的に距離がない（あるいは，距離がつくりにくい）と言えるであろう。これに対して，言葉は生身からある程度距離をとることのできるメディアである。もちろん言葉も生身の私のものであるが，言葉と生身との間には隙間がある。

　このことを時間の観点から見ると，言葉に較べて表情は一瞬の猶予もない，待ったなしの要素と言えるであろう。カウンセリングという即興の場におい

ては，ある話題になったときのクライエントの思いは，その瞬間にクライエントの表情に表現されている。これはカウンセラーの側についても言えることである。クライエントからボールが投げられたときに，こちらはそれについて考えてから表情を返すわけにはいかない。言葉なら，適切と思う表現を考える猶予がわずかでもあるかもしれないが，表情はまさにその瞬間のものである。その瞬間に生身の自分が出てしまっている。

したがって，お互いの心理的交流を行ううえで，表情は言葉に較べて確実性の高い，重要度の高いデータとなっている。私たちは人間関係のなかで，相手の表情を探り，そこに何らかの意味を読もうとする。言葉では表現されていない，より真実に近いと感じられるものをそこに発見しようとするわけである。

ところがその一方で，言葉に較べて表情は，それが相手に伝わるさいに，その意味の輪郭が不明瞭で多義的になりやすいという特徴をもっている。たとえばクライエントが個人的な内容について話しているときにカウンセラーが笑顔を見せたとすると，その笑顔はクライエントにどう映るだろうか。クライエントによっては，自分の語っている内容についてカウンセラーが「なるほど」と思って聴いてくれていると考えるかもしれないし，「ばかばかしい話だ」と苦笑していると考えるかもしれない。ひょっとしたらカウンセラーは全然関係ないことを考えていて思い出し笑いをしていると考えるかもしれない。つまり，表情はそれを受け取る側の心の構えによって受け取られ方が多様でありうるということである。

これは受け取る側の要因だけとは言えないであろう。言葉に較べて表情にはもともと，多様なニュアンスが多義的に混入しているとも言える。精神分析の用語を用いれば，表情には前意識内容が多様に表現されていると言ってもいいかもしれない。表情には，時には相互に対立するようなものも含めて，さまざまな心的要素がもともと混ぜこぜになって含まれている面があると考えられる。

ここに述べてきた表情の2つの特徴をまとめて述べると，表情は言葉よりも生身に密着した，体験をリアルに反映するデータであるが，その一方で，

表情を読もうとすると判断が多義的になりがちで，こちらの主観なのか相手が実際にそう思っているのか訳がわからなくなりがちなものということになる。筆者が「奇妙な性格」と言ったのはこのことである。表情は確かにその個人の生身を反映しているはずなのだが，それを探ろうとすればするほどノイズが大きくなり，判断を誤る可能性が高くなるという性質をもつものなのである。

　この罠に引っ掛かって身動きのとれなくなった状態を，私たちはある種の対人恐怖の人たちに見る。「電車のなかの人たちがみんな私のことを笑っている」と妄想的に訴える重症の対人恐怖症者はまさに，表情のもつ奇妙な性格に囚われてしまっていると言えるであろう。

4. クライエントからの表出と言葉を重ねて読む

　前節に述べたことは，筆者がカウンセリング面接の場面においてクライエントの表情を読むさいにも，当てはまるように思う。私たちがカウンセラーとしてクライエントの表情をどのように臨床の仕事に役立てたらいいのかを考えてみよう。

　筆者はクライエントの表情を正確に読めているかどうか，あまり自信がない。面接中，筆者はクライエントの表情をいつも見ているわけであるが，しかしクライエントを理解していたつもりが時にずれに気づき，「あれっ，そうだったのか」と理解を修正することになる。「いつでもクライエントを理解できている」というところまでは自分自身に要求できそうにない。むしろ，ずれが小さいうちに気づいて修正する能力，つまり自分の理解を確実視せずにそれを変更できる能力を養いたいと思っている。「表情を読む能力」にはあまり頼らない方がよさそうである。前に書いたように，表情を読もうとすると多義性の森に迷い込み，混乱してしまうのがオチだからである。

　では，カウンセリングの仕事においてはクライエントの表情は無視した方がいいのかと言うと，決してそうではないであろう。筆者はクライエントの表情だけからではクライエントが何を感じているのか正確に読むことは難し

いと感じる。しかしクライエントの語る言葉とその表情とが一致しているか，ずれているかはある程度読めるように思う。そしてそれを丁寧に行うことは，筆者の臨床的な判断の軸のひとつになっている。

　たとえばクライエントがあることを語っているが，筆者にはそれがクライエントの表情とどうも合わない感じがするとする。そこに私はさまざまなことを読む。「どうもこの話は前置きで，しばらく待っていたら本当に話したいことが語られそうだ」と考えて黙って待つこともある。「この話題については，このクライエントはこんな風に感情のない話し方しかできないのだろうか」と，むしろそこに痛ましい感情を感じ取ることもある。あるいは言葉と表情との間のずれから感じたことをクライエントに言葉で伝えることによって，クライエントの自己理解を拡げるチャンスになることもある。このような臨床的作業は，どのカウンセラーも行っていることであろう。

　このような経験から考えると，カウンセリングにおけるクライエント理解は，表情と言葉の両方をにらみながら進めていくのが基本だと筆者は考える。表情だけではクライエントは見えなくなるし，言葉だけを聞いていてもクライエントの実体には迫れない。表情と言葉を対比させながら，それがずれたり，ぴったり合ったりする様を刻々とつかみ，その狭間にこちらの言葉を差し挟んでいくことによって，しだいに臨床的理解は深まっていくのではないだろうか。

5. カウンセラーの表出と言葉での表現

　今度はカウンセラーの表情について考えてみよう。先に述べたように，表情と言葉とには，ある程度対比できるような性格の相違がある。ここではまず，カウンセラーの言葉と表情とが果たすべき役割の分担について述べることにする。このことを考えるのには，神田橋（1984）の著述が役立ったことを前もって申し添えておく。

　カウンセリングの作業のなかで，言葉は特定の内容に焦点的に関与したり，クライエントに明確な意味を伝えたりするのに適している。したがって，言

葉はデジタル的なメディアと言えるであろう。質問をしたり，ここをはっきりさせたいというときの介入は言葉の役割である。カウンセラーがクライエントをどのように理解したかを伝えたり，クライエントに対してどのような気持ちを感じたかを伝えるのも言葉で行うのがいいだろう。

　一方表情は，あまり表立つことはないが背景にしっかりと存在しているべきものである。ふだんはその存在に気づきにくいが，それがないとすべてが成り立たなくなるというようなものと言える。前に述べた，食卓や地面のような存在である。クライエントの話をうなずきながら聴く表情は，クライエントに対するカウンセラーの持続的な関心を伝えるものであろうし，時にカウンセラーが見せる驚きの表情や，とまどいの表情や，複雑な表情は，カウンセラーとしての役割行動の背後にある人間的な個性を表現しているかもしれない。したがって，表情は言葉とは違い，変動よりも一貫性が大事になるであろうし，全体としてその人らしいトーンを描くのがいいのではないだろうか。その意味で，これはアナログ的なメディアと考えるべきであろう。

　言葉と表情とのこのような対比を強調するために，ジェンドリンの用法とはやや異なるが，言葉は明示的（explicit）な性格をもつのに対して，表情は暗在的（implicit）な性格をもつと表現することが有益であると思われる。つまり，言葉は表立って輪郭の明瞭な意味を伝達するのに適した性格をもっているのに対して，表情は背景にあって漠然とだが一貫した意味を伝えるのに適しているということである。

　それでは具体的に，カウンセラーは自分自身の表情の表出についてどのように考えておくべきだろうか。

　第1に，表情を通じてカウンセラーの「生身の私」が顔を出す場合には，それを歪めずにそのまま自然に出した方がいいと思う。クライエントの話にこちらが乗れているときは特に問題はない。しかしたとえば，こちらが疲れているときにはやはり疲れた表情が出ているだろう。その場合には「疲れてはいるけど，できるかぎり聞くよ」という気持ちでいるのがよいだろう。筆者はどうしてもアクビが出そうになったときには，無理に隠さずにアクビを出している。クライエントの話が深刻な内容になれば，筆者の表情も少し陰

ることになるだろう。つまり表情で複雑なメッセージを伝えようとはせずに，自然でわかりやすいのがいちばんだと考える。そうでないと，クライエントにはカウンセラーの心の姿が見えにくくなり，面接における人間関係に無用な波風が立ちやすくなると思う。

　第2に考えることは，表情の表出は控えめがよいということである。ロジャーズのグロリアとの面接のビデオを見ていても，そう思う。ロジャーズのうなずく首の振り方は小さいし，笑いの表情も，「ホウ」という表情も，控えめである。表情は暗在的性格をもつものであるから，できれば地の要素に留まり，図を描くのは言葉の機能に任せておくのがよい。クライエントを理解したことを伝えるのは，「～なんだね」というクライエントの気持ちにぴったり合致した言葉であるべきである。クライエントの辛い話を聞いてカウンセラーがおおげさにうなずくのは，クライエントの立場からすると，キモチワルイ気がする。カウンセリングの場はクライエントの感情を受けとめて吸収するクッションのようなものだから，やはり穏やかに受けとめるのが理想であろう。カウンセラーは感情の強さよりも深さを追求すべきで，そのためにはカウンセラー自身，表情という感情表出は控えめであるべきではないだろうか。

6. カウンセラーの表出がクライエントに変化をもたらす側面

　前節で，筆者はカウンセラーの表情での表出は地の要素に留まるべきで，変動よりも一貫性を大事にすべきだと述べた。しかし表情はそのような性格をもつがゆえに，その性格にもとづいて，それ独自の側面からクライエントに変化をもたらす働きかけになると筆者は考えている。つまり，表情は言葉とは異なる性格をもつがゆえに，言葉による働きかけとは別の意味で，クライエントに変化をもたらす面があるということである。表情の暗在的な性格のために，これはふだんあまり表立って論議されていることではないが，筆者は非常に大事なことだと考える。

　ここで筆者が述べたいのは，クライエントが表現してくるメッセージと，

こちらがそれに対して返す表情とでは，時にニュアンスの違いが起こっているということである。具体的に言うと，カウンセラーはクライエントよりも少しゆとりのある表情をしている。クライエントにとっては自分の悩みは生身のもので，第2章で「原苦慮」と呼んだように，距離のとりにくいまさに苦痛なものであるだろうが，カウンセラーの方は少し体験的な距離をもってそれを聴いている。もちろん専門職者として対面しているわけであるから，責任感というクライエントとは違う意味での重みは感じているが，そこにはやはり距離がある。ロジャーズ（1957）が共感について「あたかも自分自身のことのように感じ取る」と述べた，その「あたかも」の部分である。

　この「ゆとり」は，単に距離があるというだけではなく，独特のニュアンスをもつもののように思う。それを表現するのはなかなか難しいのだが，あえて言葉にすれば，それは認知的には「意味を見出そうとする姿勢」であろうし，情緒的には「味わう」とか「楽しむ」とかに近いだろう。筆者はクライエントという人間が悩んでいることに意味を感じるし，その悩みがいくら苦しい体験であっても，それをこちらは単に苦しがって聴いているわけではなく，どこかでゆとりをもって味わいながら聴いている面がある。クライエントが自分の抱える悩みに真剣に向き合うことによって，人間の心が真の姿を見せる機会に立ち会わせてもらっていることに，筆者は楽しみを感じているのである。（これを書きながら筆者は，サールズ（1979）の論文のなかの，自分が患者の統合失調症的な側面を審美的に評価していることに気づいてひどく混乱したが，それは治療者の態度として苦悩に満ちた献身よりもはるかに患者に役立つものだと知って安心した，という一節を思い浮かべていること，これを読んで心強く感じたことを付記しておきたい）。

　このようなカウンセラーの姿勢は，クライエントにとっても意味があると筆者は考えている。もちろん，両者の間の受けとめ方の違いがはじめから大きすぎたら，クライエントは「自分の困難や辛さがこのカウンセラーには十分伝わっていない」と感じ，二者関係に齟齬が生じることになるであろう。しかし，カウンセラーの言葉や雰囲気がクライエントに「私の苦しみが伝わっている」というしっかりとした手応えを生み，そのような関係のなかで同

時にカウンセラーが「ゆとり」をもちながら接することができているならば，それはクライエントにとっても自分の苦しみを意味のある体験として味わうことを促すのではないだろうか。（この，カウンセラーの「ゆとり」の重要性については，第7章〔p. 94〕と第8章〔p. 110〕で改めて論じることにする）。

　つまり，クライエントにとっては単にやみくもで無意味な苦しみでしかなかったものが，意味のある悩みになっていくのである。そしてそのような変化が起こることによって，クライエントは自分の悩みをさまざまな観点から眺めることも可能になってくる。私はできることなら，そこに「遊び」の雰囲気が漂うようにもっていきたいと考える。クライエントとカウンセラーが，クライエントの悩みについて真剣ではあるがゆとりをもって関わることにより，面接の場にいろんな連想や自由な発想が飛び交うような雰囲気である。そうなれば，表情だけでなく言葉のうえでも，比喩でやりとりしたり，笑いながら真剣な話をしたりなどが可能になってくる。ウィニコット（1971）が述べている「精神療法は2つの遊ぶことの領域，つまり患者の領域と治療者の領域が重なり合うことで成立する。……遊ぶことが起こりえない場合に治療者がなすべき作業は，患者を遊べない状態から遊べる状態へ導くように努力することである」という言葉を，筆者はそのような意味で自分の仕事に取り入れていきたいと考えながら，カウンセリングを行っている。

※ 本章は，吉良安之（1995）「心理臨床における表情（特集―挨拶・身なり・目線・表情）」（季刊心理臨床，8(4)，232-236，星和書店）に加筆修正などを行って再構成したものである。

第7章

内面への向き合い方の諸相と体験様式への働きかけ

　クライエントが変化していくための道筋を生み出すには，体験の内容だけでなく，体験様式にも目を配り，それにアプローチすることが必要になる。この章では，クライエントの内面への向き合い方のさまざまな様相を体験，および体験様式という観点から論じるとともに，体験様式に対してカウンセラーがどのように働きかけていくのかを述べていくことにする。

1. 体験および体験様式——内面への向き合い方

　本書ではここまで，特に説明することなく「体験」という用語を用いてきた。そこでまず「体験」についての筆者の考えを述べ，そのうえで「体験様式」の観点について論じることにする。

　私たちにとって，「体験」はごく日常的な心理現象である。たとえば，ある集まりに参加する予定になっているとしたら，その集まりに自分の知っている人は来ているだろうか，知った人がいなかったら心細いだろう，というように考える。そして何か落ち着かない気分を感じたり，出掛けるのに気が重いような感覚を感じたりする。ここで自分の内面に起こっているのは，認知的な側面（集まりに参加する予定だが，知人はいるだろうか），感情的な側面（心細い，不安），身体感覚的な側面（落ち着かない，重い）から成る，ひとまとまりの心の状態である。この心の状態を分析的に見れば上記の3つの側面に分けることができるが，私たちの実感としては，そのようなややこしいものとは感じない。この3つの側面に分化する以前の，単一の心的実体が感じられるのみである。筆者が「体験」と呼ぶのは，そのようなものであ

る（吉良，2002b）。

　カウンセリングにおいては，この「体験」に着目する必要がある。なぜなら，クライエントとして来談する人たちは，独特の状態の体験の繰り返しに陥っていて，そこから抜け出しにくくなっていることが多いからである。ある事柄が頭から離れずにその問題に圧倒されたり振り回されたりしている人，問題に向き合うことを避けて考えないようにするが逃げられなくなって困惑している人，常に活動していて疲弊感を感じるがそれでも休息できない人，いつも自分を責めて苦しい思いをしている人などである。

　カウンセリングを求めて来談する人のなかには，たとえば統合失調症の症状など，体験している内容自体が病理的な人もいるが，その多くにおいては体験内容はそれほど特異的なものではない。問題はむしろ体験の仕方，すなわち「体験様式」にある。特定の体験様式が反復されているが，そのことをあまり自覚できておらず，自覚したとしてもその変更がなかなか困難な状態になっているのである。そのため，認知の仕方に偏りがあり（いつも被害的，あるいは自責的に捉えるなど），特定の感情（抑うつ気分，不安感など）が継続し，固有の身体感覚（重さ，ソワソワ感など）がつきまとっている。

　成瀬（1988）は心理療法における治療原理という広い文脈から体験様式について論じている。彼は，従来から言われてきた洞察原理，行動原理と対比して体験原理を強調し，特に「どのような体験がなされているか」という体験の客体（内容）よりも，「どのように体験がなされているか」という体験の主体（様式ないし仕方）に注目している。同じ内容であっても，体験の仕方が変われば体験の様相はまるで違ったものになるという観点である。成瀬（2000）の展開してきた動作療法は，クライエントの体験様式に変化を促すことをねらった心理療法と言えるであろう。また，この体験様式の観点にもとづいて，田嶌（1990）や徳田（2000）は心理臨床論を展開しており，小田（2000）や阿部ら（2004）は悩み方に関する調査研究を行っている。

　筆者は，ジェンドリンによって開発されたフォーカシングの理論を学んだり，その実践経験を積むなかで，体験様式の観点を重視するようになった。ジェンドリン（Gendlin, 1964）はカウンセリングの過程において，クライエ

ントが自分の内側に直接注意を向け，暗在的な意味を「からだの感覚」（フェルトセンス）としてしっかり感じたうえで，それを言葉などによって象徴化するプロセスが生じることを重視している。一方，体験が構造として固定してしまっていて同じ体験内容が反復し，新鮮な体験ができなくなっている状態を「構造‐拘束的」と呼んでいる。そしてこの違いを「体験過程様式」（manner of experiencing）の問題として捉え，カウンセリングによる人格の変化が起こるかどうかの重要なポイントはそこにあると考えるのである。また，彼はそのような考えから，体験の内容は「過程の局面である」と言う。つまり体験内容は体験のプロセスが進むことで次々に現れるものであり，体験様式に依拠していると考える。言ってみれば，体験内容はスクリーンに映った像のようなものであり，実際に進行しているのは体験様式のプロセスだということになる。

　以上のような研究が行われている「体験様式」という観点をもつと，それぞれのクライエントに固有の体験様式があることが見えてくる。そしてそれに応じて，カウンセラーがどのように関わるか，どのような方向を目指すかという工夫も考えやすくなる。次の節からはまず，筆者のこれまでの臨床経験をもとに，どのように対応すべきかカウンセラーが頭を悩ませるような，体験様式のさまざまな様相を見てみよう。

2. 体験様式の諸相（1）——内面への接近困難の様相

　まず，4つの様相を挙げよう。以下に示す①〜④は，クライエントが自分の内面に感じられていることに近づくことを避けるような体験様式である。

　　　　　　　＊　＊　＊　＊　＊

①自分が感じていることにあまり目を向けようとせず，淡々と事実を語り，カウンセラーから出来事についての気持ちを尋ねてもあっさりとした答えが返ってくるだけで，対話が深まっていかない。しかしカウンセリングには継続して来室する。[**希薄型の体験様式**]

②自分が興味をもつ趣味などの話題については自分から積極的に語るが，主訴につながる問題については話題にすることを避け，カウンセラーがそのことに焦点を当てて話し合おうとすると，スルリと話題を変えるなどして回避する傾向が見られる。[回避型の体験様式]

③課題となっている問題に取り組もうと自らそれを話題にするが，その取り組み方は，自分の行動や感情を第三者のものであるかのように観察して「〜なんですかね」と意味づけたり，知的に説明しようとするようなものになってしまう。クライエントが困っているということはカウンセラーに伝わってくるが，その訴え方は自己完結していて，対話になりにくい。[知性化型の体験様式]

④さまざまな話題を語るなかで，周囲の人たちを批判して攻撃する。自分がいかに正当であるかを主張し，問題が生じているのは周囲のせいであると強調する。自分が困っているということは強く訴えるが，それに目を向けてどのように困っているのかを吟味しようとはしない。[外罰型の体験様式]

＊　＊　＊　＊　＊

これらのような体験様式の場合，カウンセラーはそれにどのように働きかけることができるだろうか。

①の［希薄型の体験様式］では，クライエントは自身の内面に触れることを強く拒否することはないが，その接触の程度は限定的で希薄である。このようなクライエントには，カウンセラーは事実関係を中心としたやりとりを淡々と行いながら，折に触れて気持ちを尋ねることになる。そしてクライエントが自らの感情を言葉にする局面があれば，そこではクライエントの言葉を反復して〈〜と感じるんですね〉などの言葉を挟むのがよいだろう。また，クライエントの語る出来事について，カウンセラーの方から〈僕だったら〜と感じるかもしれません〉と伝えてもよい。内面で感じていることにクライ

エントが少しずつ近づいていくのを促すつもりで対話を続けるのである。

②の［回避型の体験様式］では，主訴につながる話題について回避の傾向が顕著である。そこが問題の焦点であることをクライエント自身が自覚していて，だからこそ，その話題を避けているのである。そのようなときにはまず，たとえば〈このことを話題にするのは難しいみたいですね〉などと伝えて，クライエントがその話題を避けていることを両者で共有する必要がある。そしてそれに対して同意が得られたら，〈そのこともここで話せるようになったらいいですね〉と伝える。今すぐにではなくても，それを話題にする必要があること，カウンセラーはそれを待っていることを伝えるのである。〈そのことは，なかなか扱いにくいと感じているのでしょうね〉とか〈そのことを話しにくいのは，いろんな事情もあるのでしょうね〉というように，その話題を避けたくなることの背景にある気持ちに向けたメッセージを伝えてもよい。このようにして一歩ずつその話題に近づいていくのである。

一方，趣味や遊び，小説，アニメ，ゲーム，絵画などクライエントが関心をもって語る話題のなかには，山中（1978）が「窓」と呼んで論じているように，主訴に関連したクライエントのさまざまな思いが詰め込まれていることがある。したがって，クライエントが積極的に語る話題については，その思いをしっかり聴き取るつもりで耳を傾ける必要がある。

③の［知性化型の体験様式］では，クライエント自身はその問題に近づきたいと考えているが，知的な方向からの接近になるため，それをしっかり感じることが困難になっている。このような場合は，クライエントの接近の仕方の特徴を話題にし，それについて話し合っていくことが有益である。〈あなたはどうも感じるということが苦手で，頭で考えようとするクセがあるみたいだけど，それだとうまくいかないみたいですね〉というような働きかけである。それを話題にして，さまざまな場面でのクライエントの問題対処の仕方を話し合っていくのである。そしてクライエントがそれに関心を示すなら，〈感じるというやり方も学んでみませんか〉と提案する。そのようにし

て感じる作業に馴染んでもらうとよいだろう。

　④の［外罰型の体験様式］の傾向のあるクライエントの場合は，まずはクライエントの言い分をしっかり聞き，それを受けとめる必要がある。そのさいカウンセラーは，事実として周囲がよくないかどうかについての判断を示すのではなく，周囲がよくないとクライエントが感じているということを理解し，受けとめるのが大事である。そのうえで，そのような強い主張の背景にあるクライエントの心情を想像する必要がある。誰もわかってくれないという孤立感を感じているのだろうか，生育史のなかで周囲に怒りを感じざるをえないような重大な経験を積んできたのだろうか，などである。そしてそれに相当するような事柄が語られたら，それを丁寧に聴く。そこから，感情を伴ったさまざまな経緯が語られ，カウンセリングの展開が見えてくるかもしれないからである。

　以上のように，①〜④では，クライエントが自分の内面に近づいていけるようになるためにはどのような方策がありうるか，というような働きかけの工夫が中心となると言えるであろう。

3．体験様式の諸相（2）——内面の情動に圧倒される様相

　次に，別の様相の体験様式の例として，⑤〜⑧の４つを挙げよう。これらは，クライエントがカウンセリングの場で自分の内面にあるものを強く感じてはいるが，むしろそれに圧倒されてしまっているような体験様式である。

　　　　　　＊　＊　＊　＊　＊

⑤自分の抱える問題についてカウンセラーに繰り返し語り続けるが，そのたびに涙があふれ，沈み込んで苦しむことになる。カウンセリングの場で話すことが辛さを強めてしまうことになりがちだが，話題はすぐにそのことになってしまう。［辛苦型の体験様式］

⑥さまざまな話題が語られるが，そこには一貫して自責感が伴う。周囲の人に対して自分ができなかったこと，自分のなすべき課題や仕事をしっかりやれていないことなどが繰り返し語られ，自分を否定的に捉えて責める態度が顕著である。[**自責型の体験様式**]

⑦自分の抱える問題について感情も含めて詳細に語るが，自分の力ではどうにもならないと感じており，無力感の訴えが顕著である。問題の大きさに圧倒されて「どうしようもない」と感じており，自らの努力で問題に対処していこうとする意欲は乏しい。[**無力型の体験様式**]

⑧混乱した話が断片的に語られ，話題にまとまりがない。そのことにクライエント自身が混乱しており，自分が何を語りたいのか，何を訴えたいのかわからなくなっている様子に見える。しかし心理的な切迫感があることは，強く伝わってくる。[**混乱型の体験様式**]

　　　　＊　＊　＊　＊　＊

上記の⑤〜⑧について考えてみよう。

　⑤の［辛苦型の体験様式］のクライエントは，自分の問題を語ることがそのまま，苦しむ体験になってしまっている。まずそのことを共有する必要がある。〈そのことを話すことで少しは楽になりますか？　それともかえって辛くなっていないですか？〉というような問いかけである。そして，話すことで辛くなるという返答があれば，〈話して辛くならないようにするには，どうしたらいいでしょうか〉と問いかけ，両者で方策を考えるのである。カウンセリングの場に"考える"という作業が持ち込まれれば，それだけでも変化である。そして話し合うなかで，カウンセラーから〈気持ちを絵に描いて，それを見ながら話すのはどうですか？〉というような提案をしてもよい。絵を見ながら，どんな気持ちなのかをやりとりする方が，自身の感じていることを穏やかに話せることが期待できるからである。

⑥の［自責型の体験様式］では，クライエントの語るさまざまな出来事に自責感が伴っている。この自責感を話題にして話し合う必要がある。しかしそれを話題にしても，"自責感を抱く自分"を責めるといった反復に陥りがちである。それが重なると，カウンセラーはクライエントに苛立ちを感じて本当に責めたくなることがあるため，注意が必要である（吉良，1994）。そして体験の認知面からだけでは変化が難しい場合は，感情面や身体感覚面からのアプローチも検討する。自責感について軽い笑いを含んで話し合えるように対話を試みたり，リラクゼーションを取り入れるなどである。

⑦の［無力型の体験様式］のクライエントの場合，抱えた問題に圧倒されており，自分の力ではそれに対処できそうにないという無力感を感じている。このような場面では，カウンセラーはクライエントがすでに対処できている部分を見つけ，それを強調して伝えることにより，クライエントに力を吹き込む必要がある。そして，クライエントがすでにできていることと，まだできていないことを区分けし，出来ていないことが出来るようになるには何が必要か，どのような工夫がありうるかをともに考えていくのである。

⑧の［混乱型の体験様式］では，クライエントは混乱して話にまとまりがなくなるほど，切迫した状況にあることがうかがわれる。これは緊急の対応が必要な事態である。それが一時的な事態であって静穏な環境をしばらく提供すれば収まると考えられるものなのか，それとも急性の精神病状態などを考える必要のあるものなのかを判断するために短時間の質問を行う。そのうえで，迅速に対応することになる。医療機関への紹介や家族への連絡が必要かもしれない。それらが必要であれば，そのことをクライエントに穏やかに伝えて説明や説得を行うことになる。カウンセラーとしては，"迅速な判断と対応，かつ，ふるまいや口ぶりは穏やかでゆっくり"という姿勢が望ましいであろう。

以上のように，⑤〜⑧の体験様式は，クライエントが自身の内面に生じた

情動に圧倒されて振り回されているようなものである。クライエントがこのような体験様式に陥っている場合は，静穏な心の状態を取り戻して自身の問題に向き合えるように働きかける工夫が中心となると言えよう。

4. 体験的距離の観点——フォーカシングからの示唆

前節まで，さまざまなクライエントの示す体験様式の様相を，8つの類型に分けて議論してきた。そのうち，2節に述べた4つは，内面への接近が困難であったり，接近することを避けるような体験様式である。一方，3節に述べた4つは，内面にあるものを強く感じているが，それに圧倒されてコントロールが難しい体験様式である。

このような多様な体験様式について整理して考えるのに，フォーカシングの研究において議論されている「問題からの距離」という考え方が有益である。

ジェンドリン（Gendlin, 1981）はフォーカシングの実践方法の最初のムーヴメントとして，「空間づくり」（clearing a space）というステップを設けた。これは特定の問題について詳細に吟味していく前に，自分を困らせているさまざまな問題をひとつずつ確かめ，それから手頃な距離をおくことによって，問題に捉われていない自分を感じる作業であるとされている。その後，このステップはそれだけで独立した技法として発展していった。問題から適度な距離感を保ちながら感じていくことが，臨床的にきわめて有益であることが確認されていったのである。

このことについて池見（1995）は，気がかりに巻き込まれずにおける「体験的な距離」をつくることが大切であると述べている。近田（2002）はフォーカシングで自分の内側とつきあうさいのコツとして，「感じ」と「自分自身」を区別することの重要性を論じ，「空間的なイメージを用いて，気がかりから『距離をとる』，気がかりを『置いておく』方法は問題や感じが強すぎたり近すぎたりして，圧倒される場合には不可欠です。しかし逆に，感じられない場合や感じが遠い場合には『距離をとる』ことよりも，あいさつをしたり，認めたりして『関係を見出す』擬人化した方法が役に立ちます」と述べている。

このように，フォーカシングの実践においては，問題や感じに圧倒されている場合は「距離をとる」，「置いておく」ことが重視され，逆に感じられない場合や感じが遠い場合はそれに近づいて「関係を見出す」ようなアプローチが行われている。

このようなフォーカシングにおける議論をもとにして，カウンセリング場面での体験における距離の問題を検討しよう。**図11**を見ていただきたい。第2章2節の図2〔p. 30〕に示したように，原苦慮という内側から直接的，感覚的に響いてきて苦痛をもたらす何ものかに対して，クライエントはある姿勢ないし態度をとっている。すなわち，矢印Bとして示したものである。この矢印B（原苦慮に対する姿勢・態度）のあり方を考えるのに，原苦慮からの距離感（本書では，それを「体験的距離」と呼ぶことにする）という考え方が有益なのである。すなわち，(a) 原苦慮から遠ざかって離れていようとする姿勢・態度（遠すぎる距離）と，(b) 原苦慮から距離がとれず苦痛に圧倒されてコントロールを失っているような姿勢・態度（近すぎる距離）の，2つの方向である。

カウンセリングにはさまざまなクライエントが訪れる。前に挙げた8種の

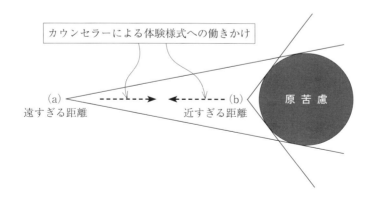

図11　原苦慮に対する姿勢・態度としての体験的距離の2つの様相

体験様式のほかにも，クライエントごとに独特の体験様式をもつことが考えられる。カウンセラーはそれを見きわめ，それらのクライエントへの働きかけを見つけていく必要がある。そのためには，ここで述べている「体験的距離」という見方を身につけ，それをもとにして事例ごとに考えることが有益である。

5. 体験的距離が遠すぎる場合の働きかけ

体験的距離が遠すぎるクライエント，すなわち（a）に相当する体験様式として，希薄型，回避型，知性化型，外罰型の4種を挙げた。これらの体験様式においては，原苦慮から距離を置いてそれをあまり感じないようにしていたり，あるいはそれを感じることが難しい状態にある。図11で，（a）の位置から原苦慮の黒い円への接線を引いているが，その角度は小さい。つまり（a）の位置から見ると，原苦慮はとても小さく見えており，その響きはなかなか届かない状態にある。

それに対してカウンセラーは，クライエントが安全感を保ちながら内側から響いてくる痛みの感覚を感じ取っていけるように働きかけていく。破線の矢印で示したように，クライエントが原苦慮に少しずつ接近していけるように関わるのである。そのための具体的な働きかけとしては，以下のことが考えられる。

第1に，クライエントの発言のなかにわずかでも感情表現を見つけ，それを反復したりそれに質問を挟むなどして，それを拡げてゆく。「聴く」こと，そして「訊く」ことによる働きかけである。

第2に，クライエントの感じにくさ，ないし語りにくさ（多くの話題全般についてそうかもしれないし，特定の話題についてそうかもしれない）を話題として取り上げ，感じにくさ，あるいは語りにくさについてどのように感じているのか，考えているのかを話し合う。そのことについては，クライエントはある程度語れるかもしれない。

第3に，クライエントがいまだ語っていないが，ある事柄を話題にできる

ようになれば，その話題についてはさまざまな感情が語られることも考えられる（前述の外罰型の体験様式の例のように）。それは，そのクライエントの暗在的なテーマと言えるものである。カウンセラーはクライエントとやりとりをしながら，それを見つけていく必要がある。

　第4に，言葉による対話よりも，描画や箱庭など言葉に頼らない表現の方が，馴染みやすいクライエントもいる。さまざまな芸術療法を学んで参考にすることも有益である。

6. 体験的距離が近すぎる場合の働きかけ

　一方，体験的距離が近すぎるクライエント，すなわち（b）に相当する体験様式としては，辛苦型，自責型，無力型，混乱型の4種を挙げた。これらの体験様式では，原苦慮から距離を置くことが難しく，それに圧倒されたり振り回されたりしている。（b）の位置から原苦慮の円に引いた接線の角度の大きさからわかるように，（b）の位置から見ると原苦慮はとても大きく，その響きに圧倒されてしまいがちなのである。このような近い距離にいたのでは，原苦慮に関わることは難しい。それに押し潰されそうな圧迫感を感じるため，それをじっくり吟味したりその全体像を把握したりするどころではなくなっているのである。

　したがって，カウンセラーの働きかけはクライエントが原苦慮からの距離を見出し，それから響いてくるものを穏やかに感じ取っていけるように促すことである。破線の矢印で示したように，（b）の地点から少し遠ざかることによってクライエントは安全感を見出し，自分の内側にあるものを味わい，考えていくことが可能になる。そのための具体的な働きかけとしては，以下のことが考えられる。

　第1に，カウンセラーの傾聴により，気持ちを十分に表現することが心の波紋を鎮め，しだいに落ち着いてくる場合がある。「話す」は「離す」につながるのである。したがって，まずはしっかり聴くことが大切である。そのさい，第6章の6節〔pp. 91-93〕に述べたように，カウンセラーがクライ

エントよりも「ゆとり」を保持できていることが重要である。生身で辛さを感じているクライエントよりも，少し（この「少し」がポイント）余裕があり，多少の距離感を保ちながら聴くことが，クライエント自身の内面への向き合い方にも距離感をもたらすと考えられる。

　第2に，傾聴だけでは鎮まらないクライエントの場合，そのことを話題にして，鎮まるには何があればよいのか話し合う方がよい場合がある。思考することに親和的なクライエントの場合は，〈それを考えてみましょう〉と提案して思考機能を活用するのが有効である。

　第3に，それを話題にしてもクライエントが鎮まるための方策を思いつくのが難しいと考えられる場合は，カウンセラー側が工夫する必要がある。前述の辛苦型の体験様式の場合のように，絵を描き，それについて話し合うのが有効かもしれないし，さまざまな悩みを箇条書きで列挙してもらって整理・確認する方法もある。あるいは，感じていることを入れる容器を想像したり，それを描いたりすることが有効な場合もある。増井（1994）の「間」を活用する方法や，徳田（2009）の収納イメージ法なども参考になる。また，継続的なカウンセリングでは，ある問題に直面してからしばらく経ち，余裕をもてた時期にそのときのことを振り返って冷静に話し合うことも有益である。時間的な距離が体験的距離を生むからである。

7. 傾聴と体験的距離

　以上に述べた5節と6節を読んで気づかれただろうが，カウンセラーによる傾聴（およびそれに連動した「訊く」こと）は，体験的距離が遠すぎるクライエントにとっては原苦慮に接近する働きかけとなり，逆に体験的距離が近すぎるクライエントにとっては原苦慮から遠ざかる働きかけとなる。どちらの場合においても傾聴は働きかけの基本となるのである。

　本書で何度か述べてきたように，「聴く」ことはカウンセリングの中核となる援助行為と言えるのだが，それは傾聴が体験内容への働きかけとしてだけでなく，体験様式への働きかけとしても重要なものだからである。筆者は

カウンセリングの営みについて考えを重ねていくなかで，傾聴の重要性やその意義を改めて理解することになった。なぜそれが重視されるのか，合点がいくのである。

　しかし一方で，傾聴はやり方によっては，きわめて安易な行為にもなってしまう代物である。相談に来た人がとりとめなく語るのに対して，口を挟まずにただ聴いていることも傾聴である。あまり考えることなしに何となく傾聴していると，漫然とした行為になってしまい，「ただフンフンと聴いている」というような状態になる。それでは，臨床的効果はほとんど期待できない。

　カウンセラーは傾聴がどのような臨床的意義を有しているのか，ふだんからあれこれと考えておく必要がある。そしてカウンセリングの実践のなかで，「今，自分はどのようなねらいのもとに傾聴を行っているのか」，「臨床的なねらいにもっと叶った聴き方はできないだろうか」と考えて工夫を続けていきたい。クライエントが多様に表出しているもののうちの何をどのように傾聴することが現在の局面で重要なのかを判断することが重要だし，相手の話を聴いて応答するさいのこちらの口ぶりや声の高さ，トーン，間合い，リズムなどにも気を配る必要がある。また，応答するよりも沈黙している方が適切と判断するときもある。それらを考えて細かに工夫するのである。このように考えると，同じく傾聴と呼ばれる行為であっても，その中身はピンからキリまでありそうである。

　傾聴が臨床的に意味のある能動的積極的な行為となるのか，それともその場しのぎの単なる受動的行為になってしまうのかは，カウンセラーが相手の話を聴きながらどれだけ体感を使って相手から表出されるものを受けとめているか，そしてどれだけ深くクライエントを理解し，さまざまな要因を考慮に入れ，どのように応答するかを考えているかにかかっている。カウンセラーはカウンセリングの局面に応じて，傾聴の仕方をさまざまに工夫していくべきであろう。

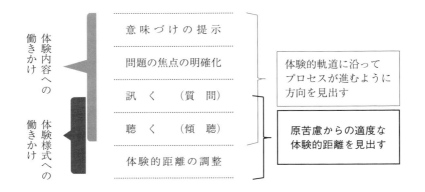

図12　カウンセラーによる体験内容および体験様式への働きかけ

8. カウンセラーによる働きかけの2つの相——体験内容と体験様式

　第5章では，カウンセラーによる体験内容への働きかけを論じ，図10を示した〔p. 80〕。これに加えて，本章では体験様式への働きかけを議論してきた。**図12**は，この2つの相の働きかけの全体を表したものである。この図に示したように，傾聴および「訊く」ことはカウンセラーの行う2つの相の働きかけの両方にまたがっている。

　体験内容と体験様式とは，クライエントから表現されるものをカウンセラー側が把握するための，2つの見方である。カウンセラーはクライエントの体験のあり方について，どのような様式で，どのような内容が体験されているか，という2つの見方から判断しているのである。

　ふだんのクライエントとのやりとりで話題となるのは，体験内容である。悩み，苦しみ，心配，不安，後悔などの内容がクライエントから語られる。しかしカウンセラーはその体験について，体験の仕方（様式）という観点からも見ている。そしてそれに働きかけようとする。体験の仕方が適切でないために苦しんでいるクライエントが多いからである。

　体験内容への働きかけが有効に作用するためには，クライエントが自身の内面の原苦慮に対して，ある程度の距離感をもちつつ関わることができてい

る必要がある。体験的距離がひどく遠かったり近かったりするような状態のときに，問題の焦点を明確化しようとしたり，カウンセラーから意味づけを提示したりしても，クライエントはそれを受けとめることは難しい。まずはある程度，内面に感じられているものとの距離感を調整できてからでないと，その内容を扱うどころではないのである。

　したがって，カウンセラーがまず行うべきなのはクライエントの体験様式を整えることである。それを基盤にして，次の作業として，体験内容への働きかけを有効に行うことが可能になる。あるいは体験内容への働きかけがうまくいかないときは，体験様式がどうなっているかに目を向ける必要がある。体験様式を整えることが先決だからである。カウンセラーはこの順番を念頭に置いておくべきであろう。

第8章

カウンセリングの目標と進行過程

　この章では，カウンセリングの作業を通じて目指すべき目標と考えられることについて，論じていきたい。体験様式を軸にすると，カウンセリングが目指すべき方向，ないしは目標をある程度一般化して論じることができるように思われる。本章では体験様式の観点にもとづいてカウンセリングの目標を論じるとともに，そこに至る道程として，カウンセリングの進行過程を示すことにしよう。

1. 主体感覚

　第6章の6節〔pp. 91-93〕で，筆者は「カウンセラーのゆとり」の重要性を述べた。そして第7章では，それを体験的距離が近すぎる状態にあるクライエントにとっての働きかけの基盤となるものと考えていることを論じた〔p. 105〕。筆者はこの観点にもとづいて，「主体感覚」という捉え方を考案することになった（吉良，2002b）。主体感覚とは，クライエント，そしてカウンセラーが自律性の感覚を伴った体験をもてているかどうかに着目した考え方である。

　カウンセリングを訪れるクライエントは，生身の苦しみや痛みを感じている。ただ苦しいと感じたり困惑したりしていて，その意味を考えるどころではない状態にある場合も多い。体験的距離がとれず，自らの体験に圧倒されたり振り回されたりしているような状態であり，自分の問題に向き合って対処するような自律的な感覚を保ちにくくなっているのである。筆者はそのような体験の仕方を「主体感覚の損なわれた体験」と呼ぶ。

　一方，カウンセラーはクライエントよりは「ゆとり」をもってそれを追体験している。穏やかで静かな心の状態でそれを吟味しながら，そこに意味を

見出そうとする姿勢でクライエントに関わっている。そこには問題に自律的に向き合って対処しようとする体験の感覚が保たれている。そのような体験の仕方を「主体感覚の保持された体験」と考えるのである。

そして，カウンセリングの目指す方向とは，カウンセラーとのやりとりを通じてクライエントの体験の主体感覚が賦活されていくことにあると考える。

もう少し詳しく言うと，主体感覚の賦活化とは以下のようなものである（吉良，2002b）。

①問題となる体験に振り回されるような状態であったのが，問題に自律的に向き合える感覚が増大していく。

②問題となる体験に対処できず無力であったのが，問題に対処できる感覚が増大していく。

③問題から離れた体験をもつことが難しかったのが，問題感から分離した自律性を感じられる体験領域をもつことができるようになり，それが拡大していく。

④柔らかく伸びやかな感覚が増大していく。

⑤同じような内容の体験の反復状態から脱して，これまでとは違った新たな内容の体験が生み出される。

このような主体感覚の見方にもとづいてカウンセリングにおける変化の過程を考えると，**図13**を描くことができる。

図13に示したように，当初はクライエントの体験は主体感覚の損なわれた状態にあるが，クライエントと較べてカウンセラーが主体感覚を保持した状態でクライエントに関わることにより，それがクライエントに影響を及ぼし，クライエントは自身の内面に穏やかに向き合って眺めるような状態に導かれる。すなわち，クライエントの主体感覚が賦活し始める。このような変化は，第6章に述べたようなノンバーバルな側面も含めたやりとりのなかで生じるプロセスである。

さらにそのうえで，カウンセラーが体験的応答を軸とした言葉でのやりとりを行うことにより，クライエントは自分の内面にしっかりと目を向けてそれを対象化することを促される。暗在的に感じられていたものを確かめなが

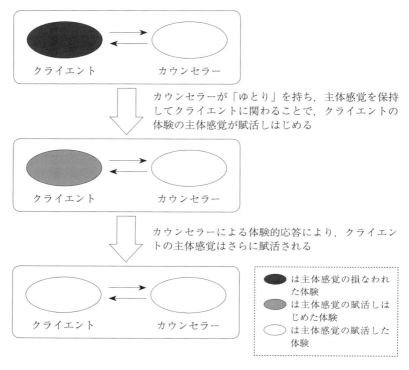

図13 クライエントの体験の主体感覚の賦活過程 ［吉良（2002b）をもとに一部改変］

ら，それを明示的な意味として受けとめ，言葉にしていくようなプロセスである。そのようなやりとりにより，クライエントの主体感覚はさらに賦活されていくのである。

　以上に述べてきたように，カウンセラーの態度ないし姿勢は，ノンバーバルな表出と言葉による表現の両面を通じてクライエントに伝わり，クライエントに変化を促すものとなる。この両面はカウンセリングの実践においてはあまり区別なく重なり合っているが，カウンセラーが自分の実践のあり方について考えるためには，両者を分けてそれぞれの役割を考えてみることが有益であろう。

2.「感じ」を味わう——フェルトセンス

フォーカシングの実践が教えてくれる大切なことのひとつは,「情動」と「感じ」とは異なるものであり,臨床実践においては両者をはっきりと区別する必要があるということである。

「情動」とは,クライエントが原苦慮にきわめて体験的距離の近い位置(第7章4節に示した図11〔p. 103〕の(b)の位置)にいるときに感じる単色の感情であり,悲しい,苦しい,憎い,痛いというような,自分の心に納まりきれず激しく自分を揺さぶるものである。これに対して「感じ」とは,ある事柄について,それが自分にどのように感じられているのかを丁寧に味わうような姿勢で向き合ったときに感じられる,微妙で複雑なニュアンスを伴った感情である。

「感じ」を感じるためには,主体感覚をしっかりと保ちながらその事柄の全体像を眺めるような姿勢・態度を手に入れる必要がある。(b)の位置から少し遠ざかり,距離感をもつことによって,原苦慮は「情動」としてではなく,「感じ」として吟味可能なものになっていくことが期待できるのである。

フォーカシングではここで述べた「感じ」を,ジェンドリン(Gendlin, 1981)の創案した用語であるフェルトセンス(felt sense)という言葉で表現している。日本語にすると,「感じられている意味感覚」ということになるだろうか。それを感じ取るには「からだの感じ」が重要になる。ある事柄について自分が感じていることを吟味するさいに,その事柄が自分の「からだ」にどのような感覚のものとして感じられているかを味わうことが役立つからである。(このフェルトセンスという用語は,第4章3節で述べた体験的応答についての論述中の「感じられた意味(felt meaning)」の発展形と考えてよいだろう)。

クライエントが自身の内側の「感じ」,すなわちフェルトセンスを感じ取っていけるようになるためには,前述した図11の(a)の位置や(b)の位置に身を置いていたのでは難しい。(a)であれば原苦慮に少しずつ近づいていき,(b)であれば原苦慮から少しずつ遠ざかっていくことにより,それを「感

じ」として味わうことが可能になってくるのである。

3. クライエントのなかに傾聴の機能を育てる

　以上のことを，傾聴ということから考えてみよう。本書ではこれまで傾聴を，カウンセラーによって行われる働きかけとして論じてきた。しかし傾聴は，クライエントが自分自身の内面に向ける姿勢・態度（第2章2節に示した図2〔p. 30〕の矢印B）としても重要である。と言うか，実はクライエントが自分の内面に向ける姿勢・態度として傾聴を身につけていくことがカウンセリングの目標であり，カウンセラーはそれを促すために，クライエントの傾聴機能の一時的な代行として，クライエントから伝わってくるものについて傾聴の作業を行っているのである。

　図14を見ていただきたい。内面にある原苦慮からはさまざまな響きが発生している。しかしカウンセリングの初期においては，クライエントは体験的距離が遠すぎるためにそれを感じ取ることが難しかったり，逆に体験的距離が近すぎてその響きの渦のなかに呑み込まれてしまっている。そのため，

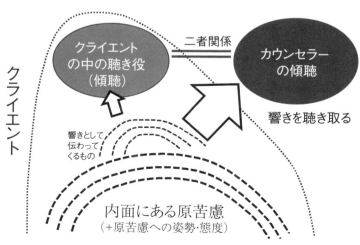

図14　カウンセラーの傾聴による「クライエントの中の聴き役」の成長

いずれの場合も響きを聴いてやりとりをしながらその姿をつかむことは困難な状態にある。第7章に述べた8種の体験様式は、そのような場合によく見られる例である。

　クライエントはそのような状態にあるが，それに対してカウンセラーは適度な体験的距離を保ちながらクライエントに接し，クライエントの内面にある原苦慮から響きとして伝わってくるものを聴こうとする。それが傾聴の作業である。時には，原苦慮からの響きだけでなく，それに対してクライエントが向けている姿勢や態度（無関心，回避，自責感，無力感など）の響きがそれに重なり，それがノイズとなっていよいよ複雑な響きを発生させていることもある。それらを聴きながら，カウンセラーはそれを仕分け，そこにいったいどんな響きが混入しているのかを整理していく作業も行う。

　カウンセラーがこのような傾聴の姿勢でクライエントの内面に関わり，それをクライエントとやりとりしながら共有していくことにより，クライエントにもしだいに傾聴の姿勢が育つことが期待される。クライエントのなかの聴き役の部分が拡大してくるのである（Gendlin, 1984；増井，1997）。

　そのようになってくると，カウンセリングにとって望ましい連鎖が起こる。クライエントが内面からの響きに耳を傾ける姿勢をもつことで，原苦慮からの響きはしだいに内側からの声となってメッセージを届けてくれるようになる。そうなると，クライエントは自分の内面に感じられていることが以前よりもわかりやすく，はっきりと感じ取れるようになる。すると，内側からの声はより明瞭にメッセージを伝えるようになる。つまり，クライエントのなかに聴き役が育つとともに，内側からのメッセージもはっきりしたものになっていくという連鎖が生まれるのである。

　以上のようなプロセスが生まれるために重要なのは，以下の2点である。①カウンセラーはクライエントの感じていることを追体験するつもりで，クライエントの言葉や表情，雰囲気などから伝わってくるものを，カウンセラー自身の暗在的な意味感覚の次元で感じ取ろうとする。②カウンセラーは遠すぎず，近すぎない，適度な体験的距離を保ちながらカウンセリングの場に居続ける。すなわち，クライエントという人に対しても，クライエントの内面

からの響きに対しても，そしてまたカウンセラー自身の内面に感じられているものに対しても，適度な体験的距離を保つ。

この②に述べたことは，とても重要であるが，それを実践することはなかなか難しいものである。それについては，第10章で述べることにする。

4. カウンセリングの目指す目標

筆者はカウンセリングの目指す目標として，クライエントが以下の3点を身につけていくことを念頭に置いている。これら3点は相互に関係し合っているものである。これまでに述べてきたことと重なるが，整理するつもりでまとめておこう。

1. 適度な体験的距離

第1に，体験的距離を調整し，内面から響いてくるものに対して適度な距離感をもてるようになることである。第7章で詳細に論じたように，自分の内面に感じられていることに対して遠すぎず，近すぎないような距離感を見つけられるようになると，心は鎮まっていく。それとともに，内面に穏やかに目を向けてそこにあるものを対象化して捉えることが可能になる。自分に感じられている体験の内容を吟味していくための準備が進むのである。

2. 主体感覚の賦活化

第2に，自律性を伴った体験，すなわち主体感覚が賦活されて保持されることである。内面からの響きに対して適度な距離感をもって関われるようになると，それまでは自分の体験に対処できず，圧倒されたり振り回されたり，あるいは回避せざるをえないような状態（すなわち，「主体感覚の損なわれた体験」の状態）にあったのが，自律性を伴った体験が可能となり，自身の内面に静穏な心の状態でしっかり向き合って対処できるようになる。主体感覚の賦活化である。

そのようになると，原苦慮を感じ取りながら問題の焦点を捉えて明確にす

ることが可能になるし，カウンセラーとの共同作業によって問題に向き合い，そこに新たな意味を見出す糸口が生まれる。主体感覚の賦活化に伴って，自分の体験している内容を吟味しながら検討する作業が進められるのである。

3. 内面からの響きを傾聴する姿勢

第3に，自分の内面から響いてくるものに関心をもち，それを傾聴できるようになることである。自身の内面に適度な距離感をもって関わること（第1の点）ができるようになり，それによって主体感覚が賦活されてくる（第2の点）と，自身の内面からの響きを傾聴する姿勢・態度が育ってくるのである。

そしてさらに言えば，その姿勢・態度が日常生活のなかでも活かされるようになることが期待できる。カウンセリングを訪れるきっかけとなった問題への対処だけでなく，この姿勢・態度が身につくことは今後クライエントに起こる問題についても活かされると考えられるからである。これは，カウンセリングがもたらすクライエントの人格面への影響ないし作用と言えるものである。筆者は大学生を対象にした学生相談の業務に従事しているため，彼らの将来の生活を見込んで，多少なりとも彼らがカウンセリングの経験を将来に活かせるようになれば，と考えながら仕事をしている。

5. カウンセリングの進行過程と体験の変化

カウンセリングの進行の過程を時期に分け，全体の見取り図として示すことが有益であろう。もちろん事例ごとに進行の経過は異なるのだが，大まかにでもカウンセリングがどのような流れで進んでいくのかをイメージできた方が，カウンセラーとして自分が何をしているのか，どのような方向に進んでいこうとしているのかをつかみやすいと思われるからである。**表3**に，カウンセリングの進行過程と，それぞれの時期のクライエントの体験，カウンセラーの体験・働きかけ，クライエントとカウンセラーの関係を示したので参照していただきたい。

表3　カウンセリングの進行につれて生じる変化

※表中のClはクライエント，Coはカウンセラーの略

進行過程	Clの体験		Coの体験・働きかけ	ClとCoの関係
導入期	問題を抱えながらも体験的距離が遠すぎ，内面の体験に触れにくい。	主体感覚の損なわれた体験。	Clの内面にあるものを，適度な距離感を保ちながら追体験しようとする。主体感覚を保持し，Co自身の内面にも適度な距離感を保つ。	近すぎず，遠すぎない関係を維持しながら，信頼感，安全感をもてるラポール形成の芽を育てる。
	体験的距離が近すぎ，情動に圧倒されてコントロールが困難。			
模索期	問題への適度な距離感を見出すための模索を行い，それが可能になるとともに内面との接触・関わりが始まる。体験内容が吟味される。		Clが安全感を保ちながら内面と適度な距離感をもって関われるようにやりとりを工夫し，Clに働きかける。	ラポールが深まり，模索の作業をともに行う。
（極　期）	内面の原苦慮から響いてくるものの姿が明瞭になるとともに，それに直面し，圧倒されそうになりながら踏みとどまる。時にCoとの心理的境界が薄まる。		圧倒されそうになるClを支える。追体験しながら，圧倒されずに体験的距離を保つように努める。Clとの心理的距離の接近により，自身の内面にも揺れが生じるなかで，踏みとどまる。	Clとの関係を維持し支えるためのしっかりした関係が必要。時に，自他未分化で交錯した人間関係が生じる。
進展期	主体感覚が賦活化する。内面との接触・関わりにより，響きとして暗在的に感じられていたものが明示的な気づきになる。それまでとは異なる内容の体験が生まれる。		問題の焦点を明確化し，見えてきた問題の姿やストーリーを伝える。Clの新たな気づきを受けとめるとともに，それが拡がっていくように応答する。	信頼関係を基盤にして，安定した共同作業を維持する。
終結期	内面からの声を受けとめることによって響きが緩和される。しだいに現実的な課題が視野に入ってくる。		Clの内面の静穏化に伴い，Coの内面も鎮まるが，それに気を抜くことなく現実的課題への応答に留意する。	しだいに距離感が生まれる。

「導入期」は，やりとりのなかで信頼関係を築きながら，クライエントの体験様式を把握する時期である。体験的距離が遠すぎたり近すぎたりなどの様式を把握しながら，カウンセラーはクライエントの内面からの響きを適度な距離感を保ちながら追体験する。

それに続く「模索期」では，カウンセラーは体験様式に働きかけてクライエントが自身の内面に適度な距離感をもって関われるようにやりとりを工夫する。それが可能になると，クライエントは内面からの響きと関わって，それを吟味できるようになっていく。

「進展期」になると，クライエントの主体感覚が賦活化してくる。それまで暗在的だった内面からの響きが明示的な声となってクライエントの耳に届くようになり，新たな気づきが生まれる。それまでは同じような内容の体験が反復しがちだったのが，それまでとは異なる内容の体験が生み出される。

そして内面の静穏化に伴ってカウンセリング関係の重要度が減っていき，「終結期」に至る。しだいに現実的な課題がクライエントの視野に入ってくるようになり，終結後のことが話題として語られるようになる。

進行過程のうち，「極期」のところは破線になっている。それは，極期として示したような様相が事例によっては出現することも，しないこともあるからである。多くの事例では，導入期→模索期→進展期→終結期という経過をたどるが，事例によっては模索の時期から容易には進展に至らず，交錯した面接関係のなかでクライエントの内面から湧き上がってくるさまざまな思いや感情にクライエントもカウンセラーも圧倒されそうになり，先の見えない時期を過ごす場合がある。それを「極期」と呼んで示した。

極期においては，カウンセラーは認知面だけでなく，感情面や身体感覚面を含めて，自分自身の丸ごとの体験でクライエントに関わり，やりとりを行う必要がある。そこでは，カウンセラー自身の体験の質が問われることになる。すなわち，クライエントの体験に巻き込まれながら，それにしっかりと関わるとともに，そこで何が起こっているのかを冷静に眺めて考えるような面を失わないことが大切になるのである。そのためには，カウンセラー自身の主体感覚が重要である。一時的に主体感覚が希薄になりかけても，それを

立て直して踏みとどまる力が必要になる。私たちはクライエントによって鍛えられ，成長させられるのである。

　筆者は，このような時期においてはカウンセラーにとってフォーカシング技法が役立つのではないかと考え，「セラピスト・フォーカシング」という方法を考案することになった。この方法については，第10章で紹介することにしたい。

　さいごに，「終結期」についての留意点を述べておきたい。この時期になると，クライエントの内面はしだいに静穏化し，現実的な課題が話題になってくる。そしてクライエントとカウンセラーの間にしだいに距離感が生じ，カウンセラーはひと仕事が終わったような安堵感や脱力感を感じがちである。しかし，この時期にクライエントに向けるエネルギーが減少することは，カウンセリングの進行にとって危険である。

　なぜなら，クライエントにとってカウンセリングにおける内面の作業からしだいに離れることは，カウンセラーからの別離という新たな心の課題に向き合うことを意味しているからである。そして同時に，カウンセリングから離れて，次は自分ひとりで現実的な課題に向き合わなければならない状況を迎えるわけである。そのことを言語化してくれるクライエントならわかりやすいが，そのようなクライエントばかりではない。

　したがって，カウンセラーはクライエントが置かれたそのような心の状況を察知して，そのつもりでクライエントの語る言葉を聴く必要がある。面接関係が終わるさいごの瞬間まで，カウンセラーはクライエントの語りを丁寧に聴き，言葉の背後の暗在的な流れに注意を向け続けるのである。

　このように，カウンセリングの人間関係では，それが始まってから終わるまで，カウンセラーがクライエントに対して一定のエネルギーを向け続けるつもりでいることが重要である。カウンセラーの個人的都合やカウンセリングの進展経過によって，エネルギー量に増減が生じないように，できるだけ一定の集中と関心を向け続けるように努力する心構えが必要なのである。

第9章

体験的距離の調整
——学生相談の一事例からの示唆

　第7章では，体験様式という観点から，さまざまなクライエントへの働きかけについて論じた。そして第8章では，その観点からカウンセリングの目標となる方向を示し，その進行過程を検討した。本章では，その具体例として，学生相談において筆者が経験したひとつの事例を取り上げ，カウンセリングの経過のなかでクライエントの内面への向き合い方がどのように変化していったのか，そしてカウンセラーはそのためにどのように働きかけていったのかを紹介する。

　大きな心理的問題を抱えた学生が来談した場合，内面に触れることが難しかったり，逆に内面から響いてくるものに圧倒されて動けなくなっていることがある。彼らが自分自身の内面に安全に近づいていくのを援助するために，カウンセラーはどのような配慮や工夫を行うことができるであろうか。ここに紹介するのは，面接過程でそれが顕著に現れた事例である。体験的距離を調整するための工夫と援助を考えるうえで，この事例は貴重な示唆をもたらすものであった。この章では，この事例を通じて，内面への向き合い方の援助について検討していく。

1. 本事例を理解する視点——解離性障害について

　事例について紹介する前に，解離性障害について簡単に触れておこう。解離性障害は，精神医学の領域でDSM-IIIにおいて用いられるようになったカテゴリーであり，DSM-IV，DSM-5でも同様の分類が行われている。そのうちの解離性同一性障害（従来，多重人格障害と呼ばれていたもの）は，「2つ以上の明確な自我同一性または人格状態が存在し，これらが反復的にクライエントの行動を統制する」と定義され，近年，北米における増加が注目されている（中村，1997）という。岡野（2007）はこれについて医学者間でも

受け入れがたいと考える人もあり，人格の多重性を想定する必要があるのか，それは人格のもつ多面的な側面の表現（人格の多面性）にすぎないのではないか，という議論があることを紹介しつつ，「アメリカにおいては（中略）一定の割合で存在することが知られて」おり，近年ではわが国でも注目を集めていると述べている。

　この章で論じるのは，複数の自分の存在を訴えた女子学生の事例である。しかし別の自分が登場するさいも，ふだんの自分の記憶が損なわれることはなかった。この訴えが人格の多重性なのか人格の多面性の表現なのかは判断が分かれると思われるが，筆者はそのことを主な問題とするのではなく，本学生の記憶の障害が軽度である点，およびふだんと異なる人格状態の登場は一時的かつ必ずしも本学生の行動を大幅に統制するものではない点で，軽度と思われる解離のある学生と考えて面接を行った。

2．カウンセリング面接の経過

　ここでは事例そのものを検討するためではなく，体験様式が変化していく過程とそのための働きかけについての具体例を紹介することを目的としているので，事例の匿名性を守るため，できるだけそこに絞って記載していくことにする。原則として，クライエント（以下，Aさんとする）の発言は「　」，カウンセラー（筆者。以下，Coと略す）の発言は〈　〉で示す。

1．第Ⅰ期　少しずつ内面に向き合い始める
大学4年次の6月～11月（♯1～♯12）

　Aさんは，大学の4年次に在籍する女子学生である。周囲の人の勧めで，ある現実的問題についての相談のために学生相談の窓口に来談した。彼女は自分のなかに複数の自分を感じることについて，ひっかかりを感じていた。

　♯1では，まずAさんの困っていることについて話を聞こうとしたが，Aさんは手で顔の下半分を隠しながら「自分のことを話そうとすると，こわいんですよ」と言い，つっかえて言葉にならず，話しにくそうな様子を見

せる。〈それだったら，外側のことから話そう〉と現実的な事柄について尋ねると，それには答えることができる。自分に関係したことはうまく話せないとのことで，「整理がつかないと，この先も同じところでつまずく気がします」と言うが，〈そのことに向き合いたい気持ちがあるの？〉と聞くと，「わからない」と答える。

翌週の＃2では，内面に感じる複数の自分の問題について「触らない方がいいか，向き合う方がいいか，迷う」と言うAさんに，〈感じを入れておく容れ物を想像する方法もあるよ〉と話して少し行ってみるが，「はみ出してきそう」と言うため，すぐに止める。一方，Aさんは現実的問題への当面の対処策は見つけたが，自宅での生活について話を聞くなかで，数年前の大学入試の勉強中，「他の自分が背中に貼りついて，短時間，感情がひっくり返った」ことが語られた。Coはそれを聞いて，今後さらに心の問題を考えていくことが必要になるかもしれないと感じ，〈しばらく様子を見ようか〉と伝え，以後は3週に1回程度の面接を続けることになった。

以後，Aさんは予約日時にはきちんと来室し，少しずつ生育歴などを語った。複数の自分を意識したのは荒れた中学に在籍の頃で，「自分を抑えて，それがどこかに埋まっていくのに気づいて，でも掘り返せなくて違う自分になった」と言う。現在毎日，家の自室でぼーっとしているうちに数時間が経つという報告も，意識をとばすことが習慣化しているのではないかとCoは気になった。一方，学業生活では卒業論文の作成が進まず，4年次での卒業が困難な状況になっていった。＃10で，Aさんは「人がこわい。踏み込まれる感じ」と言い，「自傷癖もあって」と，中学の頃からカッターナイフで腕を薄く切ることがあると報告した。そして＃12では，「人がこわいことについて，人に言ったらいけないと思ってきた。でも言葉にしたら少し軽くなる感じがした」と言う。そこで，〈面接を続けて言葉にしていくのがいいと思う〉と提案すると，Aさんは同意する。そして以後の面接頻度は，彼女の希望で週1回とすることになった。

［第Ⅰ期について］

第Ⅰ期では，Aさんは当初は内面を感じることを「こわい」と語り，それ

に向き合うことに大きな迷いを感じていた。このため，間を置きつつ3週に1回程度の面接でつないでいくこととなった。Aさんはきちんと来談を続けたが，卒論に取りかかることができず，卒業が難しい状況となるなかで，自分自身の心の問題に向き合うことが不可避となっていったと思われる。人がこわいことや自傷行為があること（♯10）が語られ，♯12では「言葉にしたら軽くなる感じがした」という発言があった。それをきっかけに，Coから言葉にして考えていくことを提案し，面接を週1回継続することになった。

2. 第Ⅱ期　つっかえつつ内面を感じることで揺れが生じる
4年次12月～2月（♯13～♯22）

　毎回，言葉が出ないのをしばらく待つと，話し始めることが続く。♯13では，「こわいとか痛いとかを感じないようにしていたのが，今ちょっと感じるみたい」と言う。〈自分が複数あることと感じないことは，関係あるの？〉と尋ねると，「感じなかった感情の一部が（別の）ひとりのなかに積もってる気がして，そっちを振り向いたらいけないような」と言い，〈だとしたら，感じていけるといいねえ〉と伝えると，胸を押さえ「触ろうとすると，いっぺんに来そうな」と言うため，〈少しずつがいいように思う〉というやりとりになる。

　♯14では「何が好きかわからなくなったことがある。（気持ちに）戻ると，嫌いもはっきりする。そうすると誰かを傷つける。だからそれを押さえようとしたら，好きもはっきりしなくなる」と言う。♯15では同級生とのやりとりから「頭のなかがごちゃごちゃ」と語る。〈距離が近くなって，しんどいのでは〉と返すと，「距離を揺らされると。ひきこもりたいです」と言う。

　♯16では突然いつもと異なり，落ち着いた自然な声で話し始める。そして，「ふだんと今日は違う。思考と言葉が一致しすぎて気持ち悪い。私，誰だろう。体も無理がない」と戸惑う様子を見せる。それに対して，〈（ふだんのあなたは）無理を続けて慢性肩こりになっている人が，自分でそうしているとは思わないのと似てる〉と伝えると，「こっちが素なのかもしれない。でもいきなりこれが定着するとは思えない」と言い，〈その中間はないの？〉には「な

いです」と言う。そして＃18では「元に戻りました」と報告した。

　＃20では，Aさんから「自分を大事に思わないと周りを大事にできないということ，ありますか？」と尋ねてくる。〈あると思う〉と返すと，「自分の一部から『なんで大事にしないといけない』と返ってきます。大事にしたくないみたい。この部分，話しづらいです。こわい」と言う。〈そのことに気づくだけで，今は十分かも〉と伝えると，「今，ちょっと距離がとれました。これが大きくなると，私自体を殺せるかも」と語るが，「ふだんはフタをしてもニュルと出てくるけど，今は納まってる。話しただけなのに，びっくり」と言う。また，＃22では「気持ちがわからなくて困ることが多い気がするけど，近づきたくない感じもする」と言うのに対して，〈（気持ちを）自覚して風通しがよくなるといいと思うし，でも安全なペースで，と思う〉と返した。

［第Ⅱ期について］

　第Ⅱ期では，つっかえながらも内面を少しずつ感じながら語るようになった。しかし「触ろうとするといっぺんに来そう」（＃13）になったり，友人との距離が近くなって混乱（＃15）も生じた。そして＃16ではAさん自身が統制できないまま急に，ふだんの守りが外れたような状態となった。また，周囲や自分自身への信頼感，安全感の乏しさが語られた（＃20）。このように，内面を感じることはAさんに揺れをもたらし，自身の存在の土台の危うさへの直面を余儀なくさせた。

　しかし一方で，「ふだんはフタをしてもニュルと出てくるけど，今は納まってる。話しただけなのに」（＃20）と，言葉にすることがAさんを支える機能を果たしうること（それはAさんの人格の健康さの反映でもある）を確認することができた。

3．第Ⅲ期　死のテーマへの直面
4年次3月～5年次5月（＃23～＃34）

　＃23では，Aさんは胃のあたりが「ざわざわする」と言うものの「隠された。見つけられない」と語るのに対して，Coが〈対話できるといいなあ〉と伝えると，それは「液体に近い」と言う。〈色は？〉と尋ねると，「いろい

ろ混じって黒くなってる。指を浸けたらとれなくなりそう。こびりつきそう」と語った。

そして＃24では,「離れた（自分の）方に自分の決定権があると思っていたけど,先週の面接の後,あっさり取り返せた。その瞬間に視界がはっきりした。決定権の全部をもつのは重かったので,今は半分ずつもつようにしてる」と報告する。この話がいきなり語られたため,Coはその内容を十分に理解することができなかったのだが,それについて〈前回の黒いものだよね〉と問うと,Aさんはそれに頷き,決定権をもっているから重く感じたようだと言う。そこで〈その決定権,何を決定するの？〉と尋ねると,Aさんは「たぶん,死ぬことみたい」と言う。これを聞いて,Coは一気に重くなるのを感じた。そして〈別の部屋に閉じ込めてきたような。それがふだんの気持ちと一緒だと,大変だったのでは〉と伝えた。Aさんは自分の脇腹を触りながら「いろんなことを押しつけてきたなあと思う」と語り,「黙り込んじゃった。ポカポカに近いじんわり。大丈夫と思う」と言う。さらに〈それを別の部屋に置く必要性はわかる。でもそれだといろんな自分が別々になってしまう。やりとりはできる方がいいと思う〉と伝えると,「今,やりとりできるかドアを開けようとしたけど,その権利は向こうにあるみたい」と言うので,〈今はドアを確かめられたらいいように思う〉と伝え,そのセッションを終わった。

＃25では,Aさんは「先週（カウンセリングの後）は熱を出した」と報告した。＃26では友人とのメールのやりとりで,「前は友だちの書く分量の方が多かったのが,昨日はどちらも同じくらい」だったと報告する。〈自分の思いを表現できた？〉と聞くと頷き,「まだ馴染まない」と笑う。

4月になると,＃28で「大学が人だらけ,こわい」と言い,両手で胸と喉を押さえて「周りの人から何かされそうでこわい。自分に対しても守れる気がしない。何もできない」と息を吐く。〈周りへの安心感は周囲との関係で育つもの。あなたが体験してきたことが気になる〉と言うと,Aさんは「父とのことは記憶がほとんどない。母からは叱られた記憶がいちばん覚えてる」と語る。Coは〈少しずつ感じていけたら得体の知れなさが減るのでは。

卒業が延びて残念だけど，そのための時間ができたと思っている〉と伝えた。
＃29でも「メールの書き方が変わった。（さいきんは）考えるのと書く言葉が同じになる。前は言葉を選んでいたのが，今はスルッと出ていく。信じられない。どうなるかわからないまま，相手に委ねるような」と言う。〈これまでガチガチだったんだなあと感じる。返事をする前にたくさん考えて言葉を選んでいたら，疲れるだろうなあと思う〉と返すと，「疲れます」と言う。

　＃30では沈黙して胃を押さえ，「出にくい」と言いながら語り始め，「自分がどう感じているかわからない。何もなかったらどうしよう」と言う。〈あなたに感情がないとは思いにくい。感じないように壁をつくっている感じ〉と伝えると，中学のときに「辛い，きつい以外は感じないようにした。悲しいとか楽しいとかを疑ったら，消えてしまった」と苦しげに語る。この回は胃痛を強く訴えるため，面接を早めに切り上げて終了した。

　＃31で笑顔はなく，息を詰めながらようやく「悲しみ，見つかった」と報告する。「青と思っていたけど，真っ赤みたい。触ると痛い」と言うのに対して〈少し離れて見ることはできる？〉と伝えるが，「ちょっと距離をとりにくいです」と深呼吸する。〈感じるものとのやりとりが難しそう。押さえたり，急に出てきたり〉と言うと，「確かに心をのぞく作業だった。自分のなかをのぞくのは，えぐる感じ。できるだけしないように」と言うAさんに，〈悲しみと対話できた方がいいのだけど〉と伝えると，Aさんは「近づこうとばかり考えていた」と言う。

　＃32ではうつむいて息を詰め，胸を押さえながら「悲しみが冷たくなった」と報告し，〈やりとりできる？〉と聞くと「少し話せる」と言う。Aさんはそれを感じておられるが，〈悲しみの方はそれでよさそう？〉と聞くと，「イヤみたい。痛くなった」と言う。〈えー，困るー。外側から見るならOKをもらえないだろうか〉と尋ねると，「あまりえぐらなければいいみたい」と返ってくる。〈感じたうえで，つきあえるといいのだけど〉と伝えると，Aさんは「ときどき振り返らないと，距離ができてまた見えなくなりそう」と言う。

　＃33でも沈黙がち。ようやく言葉になり，「悲しみが全部見えたとき，抱えきれる気がしない。悲しみは，つながっていて……大きい」「距離をとり

たいけど，どこに置いていいのやら……」と語る。そして＃34ではしおれた様子で，学校帰りにすぐ帰宅せず，あてもなく歩き回ったことを報告し，「泣きそうだった」と語る。

［第Ⅲ期について］

第Ⅲ期になると，「こびりつきそう」なものが感じられ（＃23），＃24ではそれが死ぬことの決定権をもつ存在であることが語られた。これはそれを聞くCoにとっても，ひどく重いものであった。続く＃25では発熱という体の変調が報告されており，これがAさんにとってきわめて大きな負荷のかかる心の作業であったことが窺われる。そして＃28では，周囲にこわさを感じ，自分を守れそうにないと息を吐く状況であった。＃30でも胃痛を強く訴えている。

一方，＃26や＃29でのメールの書き方をめぐる報告は，思ったまま，感じたままの自己表現が可能になり，周囲に壁をつくって自分を守る必要性が減少したことを示している。それまでは感じることのできなかった感情に触れていくことで，Aさんは周囲との間の過度の隔壁を必要とする度合いが減っていったと言えよう。

しかしその後も，Aさんは悲しみを感じることから距離をとることができず，「えぐる」ような状態になりがちで，Aさんの苦しさがCoに強く響いてくるような状態が続いた。

4. 第Ⅳ期　複数の自分の姿の顕在化
5年次6月〜9月（＃35〜＃50）

＃35で，Aさんは「悲しみと仲の良さそうなものがある」と言う。丸くて白い小さなものがあり，それは「跳ねていそう。悪いものではなさそう」と語るAさんに，〈新展開だねえ〉と伝えると，「ずっといた気はするけど，形があった気はしない」と言う。そしてそれについて探りながら語るなかで，「前は悲しみがそのなかにあったかも。今は悲しみのなかをそれが泳いでいる」ことを発見する。〈固形スープみたいに固まって入っていた悲しみが，そこから出てきたかも〉と返すと，「その方がしっくりする」と言い，閉眼

して感じながら「(白いものは)大人しくなった。悲しみを出し続けてるかも。今は機嫌がいい」と語る。

　卒論の研究は少しずつ進んでいった。一方，「9月に卒業したい」という思いに対しては「白いのが無理と言っている。これ以上私が削れてしまうのはダメと。(削れないようにするからと)交渉したけど，『ウソ！　すぐ忘れる！』って」（＃36）というように，内面との対話を自ら行うようになっていった。＃37では死の決定権をもつ部分も再度現れたが，〈1年かけて卒業してOKか聞いてほしい〉と伝えると，「命は懸けなくていいと言っている」と言う。〈それ，けっこう厳しいと思わない？〉と伝えると，それは「白いのと，だいぶ仲が悪い」と語る。

　＃41では「厳しい部分は自活できれば腕を切っていいと言う。白い部分は切ったらダメって言う」と，内面の両部分の対立が言語化された。それに対して，〈Coは白い部分に賛成だけど，あなたのなかには両方の気持ちがあるんだよね〉と伝えると，Aさんは中学時代の同級生の腕に傷があり，周囲がその人を傷つける言葉を投げるのが辛く，それで「人がこわくなった」のだと語った。

　＃43では，面接中に「感覚がひっくり返りそうでこわい」と訴え，ひっくり返ると感情ではなく論理で因果関係を説明するような状態になると言う。そして＃44では「だいぶ声が変わる」と言いながら，実際にひっくり返った状態となった。そしてその部分（の人格状態）は，論理的に意見を述べる。それを聞いた後，Coは〈その部分は論理的，断定的，ちょっと男っぽいね。2つのあなたがいて，やりとりできたのはすごい〉と伝え，Aさんのなかに存在する複数の部分について，Aさんと一緒に数え上げて確認することになった。モヤモヤしたもの，厳しい部分（決定権をもつ），白く丸いもの，赤い悲しみ，ひっくり返ったときの論理的で冷たい部分の5つと，ふだんの自分が確認できた。〈1＋5だ〉と言うと，「多すぎる(笑)。役割分担でしょうか」と尋ねてくる。それに対して，〈あなたのなかにいろんな感じ方，考え方がある。それが混じるとこわいから，別々になっているような〉と伝え，〈どう思う？〉と問うと，「役割分担というより感じ方が複数あるという方が

しっくりきます」と言う。

　その後の＃45，＃46では，モヤモヤしたものについて語られた。それは黒っぽく，海のように感じるとのことで，「中がよく見通せない」「（人格というより）場所の印象が強い」ものであり，そこに記憶があると言う。その話題から，「秋がイヤ。何か思い出しそうで。イヤなことがあった気がする」と語り，中学・高校の頃の日記を「見たくない」気持ちもあるが「ちらっと」見ることになる。＃47では中学時代の日記を「ちらっと見た」と語り，「思い詰め方が激しい。価値のある生き方をしないと苦しさが続くと感じていた」と言う。価値のある生き方とは「人を傷つけないこと，傷ついている人に寄り添うことだと思って，その方法を探さなければと思っていた」と言う。しかし大学生活にはいじめやからかいがないことに戸惑い，目標意識が薄れてしまったと語る。さらに＃48では人が人を「悪意があって傷つけるとは限らない。仲良くしてる友だちでもお互いの大事なものは違う。このどうしようもなさが，人を殺すことにつながるんじゃないか」と言い，「小さい頃から人がこわかったのが，理由がわかってなおさらこわい」と沈んだ表情を見せた。そして＃50では「同じような傷を負わないと人の気持ちはわからない。それで白い部分がしょげている」と語った。

　［第Ⅳ期について］

　第Ⅳ期では，内面の探索がさらに進んでいった。それまでは内面に感じられるのは漠然とした得体の知れないものであったが，それが少しずつ形になって現れるようになった。＃35では「丸くて白い，小さなもの」が現れた。それは「ずっといた気はするけど，形があった気はしない」ものであり，この時期に至って形となったものと考えられる。また＃44では，「ひっくり返った」ときの論理的で冷たい部分を感じ，ふだんの自分以外に5つの存在が内面に感じられることを整理して確認できた。

　このように，内面のものが形になって現れたのと同時に，それらと適度な距離をとった対話が進んだことも大きな変化であった。それはCoから繰り返しAさんに伝えた態度であった（＃24の〈やりとりはできる方がいいと思う〉や，＃31の〈悲しみと対話できた方がいいのだけど〉，＃32の〈感

じたうえで，つきあえるといいのだけど〉など）。Ａさんはそれを受けて，内面のさまざまな部分との対話を続けていった。

5．第Ⅴ期　卒論と向き合う
5年次10月〜1月（＃51〜＃62）

後期授業が始まり，卒論の進み具合の話題が増えていった。「さいきんイライラ」（＃51），「卒論で頭が一杯。早く完成させたい。ここで言うのがいいのか，わからないことがひとつある」（＃52），「考えが行き詰まる」（＃53）と語っていたが，＃55でCoからの問いに答えて，「腕を何回か切りました」と報告した。＃52で言っていたのはそのことで，面接で話すともっと増えてしまうかもしれないと思い，報告しなかったと言う。自傷は論文についての考えがまとまらないときに数回行ったとのことで，「切ると落ち着いたり，事実だけ見て考えられるようになる」が，「これだと進学はダメだな」と，大学院への進学をあきらめる気持ちになったと言う。

その後，「切ったらスッといい考えが浮かびそうになるけど，我慢，我慢」と言うＡさんに，Coは〈その気持ちを感じながら，ブレーキをかけるのが大事〉と伝えた（＃56）。＃60では「何か入れ替わりそう」と言い，急に低い声になって論理的に語るが，その後で「これだとはっきり言いすぎて友だちがいなくなる。でも論文の話はこの方がちゃんと話せる」と言う。また＃61では「今朝，『書けなかったら死ぬ』が出てきて，入れ替わったのに近い」が，「そうなったら卒論のはじめの部分が書けた。前のように正反対にひっくり返るのとは違う」と報告する。「今だと（白い部分と論理的な部分の）どっちの考え方もできる」と言うが，「でもたぶん，論文が終わるまでの期間限定」と笑う。それを聞きながら，〈あなたが複数あると，考えをまとめるのは難しいのでは〉と，Coが感じたことを伝えると，Ａさんは「言われて気づいたけど」と，論文について2つの部分がそれぞれ考えていて「別々になっていた」と言う。そして「就職しても別々の自分だとやっていけるかどうか。同じようなことがありそう」と語った。

　［第Ⅴ期について］

第Ⅴ期では,卒論への取り組みが大詰めとなり,内面に向き合う作業は滞っていった。しかし,論文作成のなかで生じる心の問題を検討する機会が生じた。＃55で語られた自傷行為の復活は,自傷が意識状態を一気に変化させる手軽な手段となっていることを確認し,その誘惑の強さと,それに陥らないための自己制御の必要性をAさんに自覚させることになった。また＃61では〈あなたが複数あると,考えをまとめるのは難しいのでは〉というCoからの示唆を受けて,Aさんはそれが日常生活に大きな支障をもたらす可能性に気づいた。

6. 第Ⅵ期　卒業・面接終結に向けて
5年次2月〜3月（＃63〜＃70）

　＃63で,Aさんは卒論を提出したことを報告した。しかし卒業後の進路を決めるように親から言われるが「気力が出ない。終わったのに,なんで生きないといけないんだろう」と語り,「母は自分の方が苦労してきたと思っていて,シビア」と話す。続く＃64では「本当に死にたいか,気持ちを整理した。あと500回くらい死にたいと思っても大丈夫そう」と言う。死にたい気持ちは「モヤモヤ,海のなかから出てくる」とのことだが,白い部分には「まだ生きたい」も入っていると語る。Aさんが「死にたいとは思わない人もいるんですよね？」と不思議そうに問うのに対して,Coは〈います。でもあなたがおかしいとは思わない。心の深いところに触れたかどうか。あなたは触れざるをえなかった。だから無理もしてきたのでは〉と伝えると,「モヤモヤがさっきより落ち着いた」と言う。

　Aさんは卒業後の進路を決めることができた。そして面接開始時と較べて,複数の自分のあり方は,論理的で冷たい部分以外は「だいぶ距離が近くなった」（＃65）ことや,ボーッとして意識をとばす時間はあまりなくなり,自傷もその後はないこと（＃66）が報告された。＃67では,「前の自分より大丈夫なところが増えて,大学を離れてもがんばれる部分が増えたんじゃないかと思う。感覚として,気を抜くとか,切羽詰まっているとかが,だいぶわかるようになった」と言う一方で,「何かの課題を優先するために他を無

視することが重なると，だんだんわからなくなる。それが不安」と，面接終結後の課題を語る。

終結までの数回はそれについて話し合い，「内側をのぞいて確認する必要。のぞいたら，たいてい痛いけど，週に1回くらいは必要」（＃69）と語り，卒業により終結となった。

［第Ⅵ期について］

第Ⅵ期ではこれまでを振り返るとともに，今後の課題を考えていった。＃64でAさんは自ら，死を考える気持ちとやりとりしたことを報告した。そして卒業後の進路を決めた。＃67では「大学を離れてもがんばれる部分が増えたんじゃないか」と言う一方，面接終結後も内面と向き合って対話を続けることが必要になる（＃69）と語り，終結となった。

3. カウンセリングの進行過程

この事例が進んでいった過程を，前の章に述べたカウンセリングの進行過程に照らしながら検討することにしよう。

第Ⅰ期は，導入期であったと言えよう。3週に1回程度の面接を続けながら，Aさんはしだいに自身の内面に感じられるものに向き合う方向に進んでいった。Aさんにとっては，それは自ら希望して選んだというよりも，向き合わざるをえない状況になっていったと感じたかもしれない。内面から響いてくるものが大きいため，それを扱わずに済ますわけにはいかなくなったのである。

カウンセリングで内面の問題を扱うことになるのは，多くはそれをせざるをえなくなったときである。カウンセラーの意識としても，はじめから問題を深めようとするのではなく，できれば表層の現実的問題に対処することで事態の収束をはかろうとする。内的問題を扱うのは，どうしてもその必要性がある場合，と考えておくべきである。しかし，Aさんがその方向で何とかやってみようと思えたのは，面接での人間関係がそれを支えることのできそうなものに感じられたからでもあると考えられる。

第Ⅱ期は，模索期に相当すると考えられる。ぎくしゃくしながらも少しずつ問題に近づくことが可能になるにつれて，内面との接触や関わりが生じ始めた時期である。Ａさんの場合，「少しずつゆっくりと」ではなく，急に内面からの動きが生じたり，それが止まったり，というようなかたちで進んでいった。あまり滑らかな進行ではなかったため，Coもそれに揺さぶられながら同伴していた。

　第Ⅲ期は，後になって振り返ってみると，極期と言える時期だったように感じられる。Ａさんは死の決定権をもつ存在を感じるなど，深い内的世界に沈み込んでおり，自身が感じることに圧倒されそうになりながら，何とか踏みとどまっている状態であったように思われるからである。発熱や胃痛など，身体の症状も生じている。この時期，Ａさんの苦しさがじかにカウンセラーに伝わってきて，痛みをともに感じるような状態が続いた。

　このような時期は，クライエントだけでなく，カウンセラーも先が見えにくい。いつまでも続くトンネルのなかで，走り続けているのか停まっているのかも判然としないような，暗闇に包まれたなかにいるといった心境になりがちである。その間，カウンセラーは毎回のセッションでなすべきと感じたり考えたりしたことを丁寧に行いながら，闇のなかにクライエントとともに身を潜めて，関係の内側から経過を見守る必要がある。

　第Ⅳ期になると，Ａさんは内面に感じるものを明示的に捉えられるようになっていった。この時期を進展期と呼ぶことができるであろう。内面に漠然と「何かある」と感じていたものが少しずつかたちになって現れ，5つの姿になっていった。これは，Ａさんが適度な距離をとった内面とのやりとり（対話）という体験様式をしっかりととれるようになるのと並行して生じてきた変化であった。

　続く第Ⅴ期は，卒業論文への取り組みという現実的な課題が目前に迫ってきて，それに向き合うことになった時期である。前述の進行過程に当てはめるのは難しい面もあるが，進展期から終結期に向けての過程を歩んでいた時期と考えてもよいかもしれない。内面から響いてくるものの強さが少しずつ収まることによって，現実的な課題への取り組みが可能になっていったと考

えられるからである。もちろん，Aさんにとって，それは滑らかな進行ではなく，目の前の現実に取り組むのに必死であり，かつ，内的な問題も感じながらであったと思われる。

第Ⅵ期は，終結期と言えるであろう。前の章にも述べたように，カウンセリングの終結の時期はClにとって重大な変化の時期であり，決して楽になって終わるといったものではない。次のステップが視野に入ってきて，カウンセリングにおける面接関係を終わりにしながら，それに向けての歩みを進めていかなければならないのである。

さて，この事例の進行過程を以上のように見てきたが，そのプロセスの全体を通じてカウンセラーが行ってきたのは，Aさんの体験に内在している暗在的な流れを感じ取りながら，それが進むべき方向（すなわち体験的軌道）に沿って進んでいくように促すことであった。そのような作業を続けるなかで，Aさんは第Ⅱ期頃から少しずつ自分の内面に暗在するものに目を向けることができるようになり，第Ⅳ期になるとそれを明示的に捉えることが可能になっていったのである。

4．体験の距離感に関するカウンセラーの工夫

Aさんとの面接を進めるうえで，筆者は自分がそれまでに長く行ってきたフォーカシングの経験が助けになったと感じている。色や形などのイメージで語られることの多いAさんの内的世界を，筆者はいったいそれがどのような体験内容を反映したものなのか，十分に理解してやりとりできていたわけではなかった。しかし，体験の内容が十分にわかることよりも，体験様式が適切なものになっているか否かを確かめて調整することの方が重要であるというフォーカシングの経験則が，面接を続けるうえで役立った。この事例の経験から，体験様式，特に体験の距離感をめぐってのカウンセラーの工夫について検討する。

1. 導入期の工夫

この事例では＃1の当初から，Aさんは自分のことを話すのがこわいと語っている。内面に目を向けること自体，こわいと感じる体験になっていた。原苦慮に接近できず距離の遠い体験様式である。そこでカウンセラーは外的な事柄から話題にし，続いて生育歴を尋ねることで，語ってもらう内容の範囲をしだいに拡げていった。そして決して内面に乱暴に踏み込んだりはしないことをAさんに感じてもらいながら，人間関係を築いていった。そのような関わりにより，Aさんは「言葉にしたら軽くなる」と感じるようになり，週1回の面接を希望することになったと考えられる。

すなわち，導入期において内面への接近がしだいに可能になるには，以下のような要素が必要と言えるであろう。

①脅かされない安全な人間関係を築く。
②語って不安にならない外的事柄から話題にする。
③漠然とした感情や感覚をそれ以上詳細にせず，漠然としたまま受けとめる。
④時機が来た段階で，より深くより詳細に感じるように促す。

またこれらのことの背景として大切なのは，次のことである。

⑤カウンセラーがクライエントの心に起きていることを，それほど大きな誤差なく理解できている。

これらのことが，感じることへの安全感を生み出すと言えよう。

2. 模索期以降の工夫

続いて第Ⅱ期（模索期）以降では，Aさんの内面を感じる作業が進展していったが，そこでカウンセラーが行った働きかけは以下であった。

⑥一気にではなく少しずつ感じるように促す。
　〈感じていけるといいねえ。少しずつがいい〉（＃13）
　〈安全なペースで〉（＃22）
　〈少しずつ感じていけたら得体の知れなさが減るのでは〉（＃28）
⑦別々に語られたことの間の関係を尋ねる。

〈自分が複数あることと感じないことは，関係ある？〉（＃13）
⑧譬えを使って連想の拡がりを促す。
〈慢性肩こりになっている人と似ている〉（＃16）
〈固形スープみたいに固まって入っていた悲しみが，そこから出てきたかも〉（＃35）
⑨感じられているものの色（あるいは形，大きさなど）を尋ね，具体化していく。
〈色は？〉（＃23）
⑩感じられているものと主体側とのやりとり（対話）を促す。
〈対話できるといいなあ〉（＃23）
〈やりとりはできる方がいいと思う〉（＃24）
〈悲しみと対話ができた方が〉（＃31）
〈感じたうえで，つきあったりできると〉（＃32）
⑪語られる話題から周辺の連想を求める。
〈周りへの安心感は周囲との関係で育つ。あなたが体験してきたことが気になる〉（＃28）
⑫傾聴しながらカウンセラーに浮かぶ感じや意味づけを言葉にして伝える。
〈これまでガチガチだったんだなあと感じる。疲れるだろうなあと思う〉（＃29）
〈感じないように壁をつくっている感じ〉（＃30）
⑬意味づけを解釈として示し，クライエントがどう感じるかを尋ねる。
〈あなたのなかにいろんな感じ方，考え方がある。それらが混じるとこわいから，別々になっているような。どう思う？〉（＃44）
〈あなたが複数あると考えをまとめるのは難しいのでは〉（＃61）

このような働きかけをしながらカウンセラーが意図していたのは，Aさんが適度な距離感をもって内面を感じること，そして「感じられるもの」と「感じている主体」とを分離しつつ両者の間に対話を促すことであった。Aさんはともすれば，内面を「えぐる」（＃31）状態になりがちであったが，これは距離が近すぎる状態である。そのような体験様式ではなく，距離感をもっ

て自らの内面と対話を続けるような体験様式になることが重要と考えられる。
　そのためには，言葉のやりとりだけでなく，雰囲気も大切である。
　⑭面接の場に柔らかい情緒が醸し出されること。
　　〈えー，困るー〉（♯32）
　　〈新展開だねえ〉（♯35）
　　〈1＋5だ〉（♯44）
　このようなやりとりによって面接の場に遊びの雰囲気が漂うように心掛け，両者が笑い合う場面も何度か生じた。笑うことで「心理的距離が生じ，心の自由度が回復」する（吉良，1994）ことを目指したのである。また前述の⑧のように，カウンセラーが何度か譬えを用いて意味を伝えた（♯16，♯35）ことも，Aさんが自らの体験に近づきすぎず，余裕をもって感じることを促す試みであった。
　カウンセラーの以上のような工夫により，Aさんはしだいに自らの体験への向き合い方を身につけ，一歩ずつそれに近づいて感じることが可能になっていった。第8章で述べたように，筆者はクライエントが自らの体験に圧倒されて対処不能感や無力感を感じている状態を「主体感覚の損なわれた体験」と捉え，問題となる体験に自律的に向き合って対処できる感覚を伴った体験をもてるようになることを「主体感覚の賦活化」と呼んでいる。この事例では，カウンセリングの過程で内面との距離を調整して感じていくことにより，主体感覚が賦活化していったと言うことができるであろう。

　〈付　記〉
　この面接過程を事例報告にまとめることを「他の人の参考になるなら」と承諾して下さったAさんに，心から感謝申し上げます。Aさんが折に触れて自分の気持ちを確かめながら，今後の人生をしっかりと歩んでいかれることを祈念します。

第 4 部

カウンセラー自身の内面へのまなざし

第10章

カウンセラー自身の「感じ」の整理と活用

　第4章から第9章にかけては，カウンセリングの継続のなかで進めていく作業について，カウンセラーがクライエントと人間関係を築きながらクライエントの体験内容や体験様式にどのように働きかけていくかを論じてきた。続いてもうひとつ，検討すべきテーマが残っている。それは，カウンセラー自身の内面への向き合い方についてである。本章と第11章では，カウンセラー自身の「感じ」を吟味しながらそれをカウンセリングに活かす道筋について，考えていくことにしたい。

1. カウンセラー自身の「感じ」に目を向ける

　クライエントとやりとりをしながらクライエントの抱える問題をともに扱っていくために，カウンセラーは自分自身の心を使っている。面接のなかで自分の内面に生じた心の波紋を感じ取ることによって，クライエントを理解しようとしたり，カウンセラーとしての働きかけの方向を考えたりするのである。カウンセラー自身の心のなかで行われる内的な作業は，カウンセリングの進行にとって不可欠である。それなしには，日々のカウンセリングの仕事は成り立たないであろう。自分自身の「感じ」に目を向けてそれとやりとりすることは，カウンセラーにとって日常的な心的作業である。

　筆者がここで論じることは，精神分析での逆転移の議論とはだいぶ異なる。逆転移とは本来，精神分析治療において，患者に生じる転移と同様の現象が治療者にも起こりうること，そしてそれが治療の停滞に影響を及ぼす場合があることを指しており，それを治療者が意識することの重要性を論じるものであった。その後，逆転移として捉えられる範囲がしだいに拡大され，投影性同一化についての論議のように，治療者に生じた感情やビジョンをもとに

患者を理解し介入につないでいく治療技法論としても論じられるようになっている。これに対して、筆者が論じようとしているのは、カウンセリングの仕事の土台、あるいは基盤となる、前提としての部分なのである。当たり前すぎるからであろうか、このテーマはこれまであまり正面から論じられてこなかったように思われる。

　筆者がここで「感じ」と呼んでいるのは、第8章の2節〔pp. 113-114〕で述べたように、ある事柄について自分がどのように感じているのかを丁寧に味わうような姿勢で向き合ったときに感じられる、微妙で複雑なニュアンスを伴った感情である。私たちはクライエントとのやりとりや面接の流れについて、その「感じ」を感じることができる。前に述べたように、フォーカシングではそれを「からだ」で感じることを重視し、「フェルトセンス」と呼んでいる。クライエントから伝わってくるものをカウンセラーがフェルトセンスとして感じ取り、それを取り扱っていくことが、カウンセリングの進行にとって大切である。

　面接過程でカウンセラーに生じる感情体験は、この「感じ」、そして「情動」も含めて、4種あるように思われる。それを以下に順に述べよう。

2．追体験によって生じる「感じ」

　第1のものとして述べたいのは、追体験による「感じ」である。クライエントの言葉での表現やさまざまなノンバーバルな表出を受けとめながら、カウンセラーはクライエントが感じていることをともに感じようとする。クライエントの波長に合わせてともに心を動かしながら、クライエントの体験を内側から追体験するようなつもりで関わるのである。そこには、第6章6節〔pp. 91-93〕で述べたような「ゆとり」がある。クライエントに較べると、カウンセラーは距離感をもって体験している。

　このため、クライエントはある事柄を「情動」に近い状態で体験しながら語っていたとしても、カウンセラーはそれを「感じ」として味わうことが可能になる。それゆえ、そこに含まれたさまざまなニュアンスを感じ取って、

それをクライエントに言葉で返すこともできると言える。それが追体験という行為である。

　追体験しながらそれを感じ取ろうとしていると，フェルトセンスが生じる。たとえば，聴いていて「重くなる感じ」とか，「力が抜けてほっとする感じ」とかである。クライエントが感じていることを，カウンセラーは自分の内側でも同じように（まったく同じではないが）感じるのである。このような追体験の姿勢は，カウンセラーとしての自分自身の心の使い方の基本となるものである。

　追体験による「感じ」が生じているときには，カウンセラーはその「感じ」をフェルトセンスとして体感しながら，それをもとにクライエントに応答していく。それが第4章3節〔pp. 57-61〕で述べた「体験的応答」である。そこに挙げた①～⑩の応答原則を読み返していただきたい。体験的応答とは，クライエントの内面に暗在的に眠っている感じられた意味に焦点を当て，それが明示的になるのを促すような応答であることを理解していただけるであろう。

3. 追体験のしにくさから生じる「感じ」

　カウンセラーが追体験の姿勢でクライエントに関わるなかで，上記とは異なる「感じ」が生じる場合がある。追体験しにくいときの「感じ」である。それには，以下に述べる2種がある。

1. クライエントの感じ方・考え方についての「感じ」

　ひとつは，クライエントの感じ方や考え方についての「感じ」が生じる場合である。追体験しようとしてそれがすんなりとはできないとき，クライエントの感じ方に対して，カウンセラーは何らかの「感じ」を感じる。たとえば，「聴いていてわかった感じがしない」とか，「言葉が上滑りしていく感じ」とか，「同じところでぐるぐる回っている感じ」といったようなものである。

　そのようなときには，カウンセラーはクライエントの話を「聴く」だけで

なく，そこに「訊く」行為を加えたくなる。たとえば，〈聴いていてちょっとわかりにくいのだけど，そんなふうに考えたのはどうしてだろう？〉とか〈どうしてそんなふうに感じたの？〉などである。また時には，カウンセラーに生じた感じをクライエントに伝えようとする場合もある。〈聴いていて，あなたは考えがどんどん先走っていくけど，気持ちはそれについていっていないみたい〉とかである。

　カウンセラーが追体験しようとして，それがしにくいとしたら，そこにクライエントの何らかの特徴があると考えるのがよいだろう。カウンセラーがそれに気づき，それを明確にしていくことが，クライエントの自己理解の拡大につながるチャンスとなる。

2. 面接関係に関わる「感じ」

　もうひとつの「感じ」として，クライエントとカウンセラーとの関係に関わる「感じ」が生じることもある。クライエントはいろいろと語るのだが「クライエントとの間に透明な壁があって，近づけない感じ」とか，「クライエントの考え方や感じ方を押しつけられている感じ」とか，「やりとりが噛み合わない感じ，しっくりこない感じ」とかである。これらは，クライエントの他者との関係のとり方についての特徴を反映している可能性がある。

　この「感じ」についての取り扱いは，なかなか簡単ではない。第4章1節の図7〔p. 53〕に示した二者関係にまつわる「感じ」だからである。これをカウンセラーからすぐに言葉にしてクライエントに伝えるのは適切でないことが多い。カウンセラーとして大事なのは，まずそれを感じ取ることである。そしてそれをアセスメント（クライエントの特徴の理解）につなぐ。そのうえで，それにどのように働きかけていくかを考えていくのである。

　たとえば「透明な壁があって，近づけない感じ」を感じるとしたら，その壁のようなものの正体について考える必要がある。その壁はカウンセラーの援助を拒絶し遠ざけようとするものなのか，カウンセラーに何とかしてほしいが「何もしてもらえるわけがない」というあきらめや虚無感のようなものを反映しているのか，閉じた世界にいて他者と交わるすべをもたないのか，

などである。それらについてイメージを膨らませながら考えていくのである。そしてその正体をつかむことができたら，それを話題にして話し合ったり，働きかけ方を考えていくことが可能になる。

4. カウンセラーに「情動」が生じる場合

　クライエントとのやりとりのなかでカウンセラーの感じるものが，「情動」の様相を呈することがある。強く感じられて自分を揺さぶる単色の感情である。クライエントは情動に近い感じ方をしていたとしても，カウンセラーは通常はクライエントに較べて主体感覚を保ちやすいため，それを「感じ」として受けとめることができるのであるが，時にはそれでは済まなくなる。クライエントの体験に巻き込まれて圧倒されそうになったり，強い不安に駆られたり，怒りや苛立ち，焦りなどの虜になったり，自分の行った発言や行動についてひどく後悔したり，などである。

　クライエントの抱える悩みが深刻なものであったり，カウンセラーとの二者関係における揺れが大きい場合に，そのようになりがちである。また，自傷や他害のおそれ，あるいは周囲の人との重大なトラブルの可能性がある場合も，カウンセラーは揺れやすい。カウンセラーとしての責任にも関わってくる事態だからである。

　このようなときには，まず心の整理が必要である。スーパービジョンがそれを助けてくれるであろう。あるいは誰か信頼できる同職種の先輩や同僚に相談することも助けになるかもしれない。周囲の人の力を借りながら，自分の内面に生じているものをじっくり振り返って眺め，考える努力である。そのようにして，自分の感じていることから体験的な距離をつくり，それを「感じ」として抱えられるようになったら，それについて吟味・検討できるようになる。しかしそうなるまでの心の作業は，なかなか容易ではない。

　ここに述べていることを主体感覚の観点から見ると，**図 15** に示したような状態が生じていると考えられる。第 8 章 1 節に示した図 13〔p. 112〕と比較しながら見ていただきたい。クライエントの主体感覚の損なわれた体験

第10章　カウンセラー自身の「感じ」の整理と活用　145

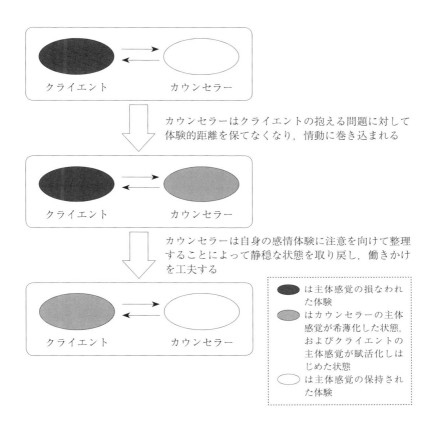

図15　カウンセラーの主体感覚の希薄化とその回復［吉良（2002b）をもとに一部改変］

の力が強い場合，図13とは逆にクライエントの体験の力がカウンセラーに影響を及ぼし，カウンセラーの体験の主体感覚が希薄化する様相が生じるのである。カウンセラーに情動が生じるのは，そのような様相においてである。その場合，まず必要になるのはカウンセラー自身の心の整理であると言えよう。

　さて，これまでに述べてきたカウンセラーの内面に生じる感情体験の4種を対比するために，表4を作成した。カウンセラーは面接過程の進行に沿っ

表4　カウンセラーの内面に生じる感情体験の4種

※ 表中のClはクライエント，Coはカウンセラーの略

	追体験による「感じ」	追体験しにくさによる「感じ」		「情動」
感じられるものの性質	Clの体験に近似した「感じ」	面接の場でCo自身に生じている「感じ」		強く単色の感情体験
臨床的判断	・このまま進んでよさそう。 ・聴くことがClに役立っている。	Clの感じ方・考え方についての「感じ」	面接関係にかかわる「感じ」	・Clの感情や行動によって情動を引き起こされている。 ・このままにしておくのはよくない事態が起こっている。
		・Clの感じ方・考え方に確認の必要な特徴あり。 ・それを取り上げるべき。	・ClのCoへの関わり方に確認の必要な特徴あり。 ・それを確かめる必要。	
対処・働きかけ	・追体験しながら体験的応答を続けていく。	・追体験しにくい部分を取り上げる。 ・Clの感じ方・考え方の特徴を話題にして焦点化する（訊く・伝える）。	・その特徴についてアセスメントを行い理解を深める。 ・そのうえで働きかけを検討する。	・心を整理し鎮める作業が必要。 ・起こっている事態を振り返って考える。

て自分にどのような性質の感情体験が生じているか，折々に確かめる必要がある。参考にしていただきたい。

5. 内側からの声を聴くことの大切さ

　筆者はスーパービジョンに加えて，カウンセラーが自分自身の心の整理を行うための方法として「セラピスト・フォーカシング」という方法を考案し，さまざまなカウンセラーにその機会を提供してきた。以下，この方法につい

て紹介することにする。

　カウンセラーにとって大切なのは，「自分の内側からの声」を聴く力ではないだろうか。この章でこれまでに述べてきたような，ある事例を担当するカウンセラーとして面接の過程で自分自身の内面に生じているものを「感じ」として聴き取る力は，日常のカウンセリングにおいてきわめて重要である。カウンセラーとして一人立ちし，職業人として生きていくには，その力をつける必要がある。

　スーパービジョンは事例についての見立てや面接方針に関する助言や指導を受け，面接関係で生じていることについて理解を深め，クライエントへの働きかけについて検討するための貴重な機会である。しかしそれは，スーパーバイザーという「自分の外，事例の外」にいる存在からの声を聴く場である。確かに外からの声は貴重であるが，それをどのように自分の内側に響かせて肉化していくのかは，さらに重要な課題だと思う。すなわち，自分の内側に起こる思いや考えを聴く力である。スーパーバイザーからの声をどのように受けとめ，それをどのように自分のものにしていくのか。そしてもしもその声が自分にとって異物と感じられるなら，違和感を自分のなかに保持し続けることができるかどうか。そのような内的作業が大切になるのである（吉良，2012）。

　スーパーバイザーなどの外側からの声を受け取ることと，自分自身の内側からの声を聴く作業とは，本来，カウンセラーとして機能するための両輪となるものであろう。しかしその前者についてはスーパービジョンという方法が確立されているのに対して，後者については暗黙のうちにカウンセラー各自に任されているように思われる。セラピスト・フォーカシングは，この後者を具体的な方法にしたものである。

6．セラピスト・フォーカシングの方法

　この方法（吉良，2002a；2010）は，筆者がカウンセラー（ないしセラピスト）にとって必要だと感じたことを，以前から馴染みのあったフォーカシングを

用いて具体化したものである。フォーカサー（フォーカシングという内的作業を行うカウンセラー）とリスナー（聴き役）の２人が対面してやりとりをしながら，進めていく。

この方法では，フォーカサー（すなわち，カウンセラー）は面接場面において自分が体験していることを，静穏かつ丁寧に味わっていく。暗在的に感じられている体験をゆっくりと味わい，感じていることをひとつずつ吟味・整理し，体験的距離をおき，圧倒してくる体験から少し離れて自由になるための機会と言うことができる。そのための手順は，さまざまなやり方が考えられるが，筆者がよく行うのは以下のようなものである。

▽　セッションで扱うテーマをカウンセラーが決める

特定のクライエントとの関わりにおいて感じていることについて行うこともあれば，さまざまなクライエントとの関わりにおいて感じていることが選ばれる場合もある。

▽　ステップ１「全体を確かめる」

選んだテーマについて，自分が感じていることを体感（からだの感じ）を手掛かりにして，ひとつずつ確かめていく。１つ目として浮かんだものをゆっくりと感じたら，体験的距離をつくるために，イメージなどを利用してそれを置く作業を行う。その後，テーマの全体に戻り，２つ目の感じ，３つ目の感じについても丁寧に確かめ，置く作業を繰り返す。この作業により，そのテーマの全体像が見えてくる。（このステップ１でセッションを終わりにすることもあれば，ステップ３まで進むこともある）。

▽　ステップ２「方向を定める」

ステップ１で浮かんだもののうち，どの「感じ」についてさらに吟味していくか，カウンセラーが内面の感覚を手がかりにして，方向を定めていく。

▽　ステップ３「フェルトセンスを吟味する」

ステップ２で選んだものについて，それが体感としてどのように感じられているかを再度ゆっくりと確かめ，吟味のプロセスを進める。思い浮かんだ視覚イメージがプロセスを促進することも多い。セッションを終わる前に，

吟味の過程で見つけたことをもとにして，今後の事例の進め方を検討する作業も行われる。

　この方法のより詳細な進め方や教示例を，**表5**に示した。また本方法について，吉良（2002a；2009；2010），伊藤・山中（2005），池見・矢野・辰巳ら（2006），小林・伊藤（2010），平野（2012a；2012b），真澄（2012）などがさまざまな実際例を報告するとともに，検討を行っているので，参照していただきたい。

表5　セラピスト・フォーカシングの進め方と教示例［吉良（2010）を一部改変］

（1）何をテーマにしてフォーカシングを行うかを決める
［特定のクライエントとの面接において感じていることでも，さまざまなクライエントを担当するうえでカウンセラーとして感じていることでもよい。フォーカサー（カウンセラー）自身にテーマを決めてもらう。］

（2）始める準備
［落ち着ける場所を見つけて座る。体を締めつけるものをはずす。］
　　（閉眼または開眼。フォーカサーの判断で，どちらでもよい。）
　　・「ゆっくり自分の内側に注意を向けて，始める準備をして下さい」
　　・「準備ができたら，片手を挙げて知らせて下さい」

（3）セッションを始める
　　・「そのこと（選んだテーマ）について，自分が感じていることの全体をぐるっとゆっくり，眺めるつもりになって下さい」

（4）ステップ1「全体を確かめる」
［1つ目の「感じ」を味わう。］
　　・「自分がそのことについてどんなことを感じているかを味わってみて，何かひとつ感じられてきたら，言葉にして教えて下さい」
　　・「○○な感じなんですね」

- ・（他の例）「その人が△△すると○○な感じがするんですね」
- ・（他の例）「からだの●●のあたりが▲▲な感じなんですね」
- ・「その感じをゆっくり味わって下さい」

[1つ目の「感じ」を置く。]
- ・「それを1つ目として，そのままそっと置いておくことはできますか？」
- ・（他の例）「それをどこに置いたら落ち着くか，イメージしながらぴったりする場所を見つけて下さい」
- ・（他の例）「それを入れておく容器（入れもの）を想像してみて下さい。それに，その感じを入れてみましょう」

[2つ目の「感じ」を見つける。]
- ・「全体に戻って，他にどんな感じがあるか確かめてみて下さい」
- ・（他の例）「他にどんな感じがあるだろうかと，自分に聞いてみて下さい」

[2つ目の「感じ」を味わったうえで置く。]
- ・「その感じをゆっくり味わって下さい」
- ・「それを2つ目として置いておけますか？」

[3つ目，4つ目の「感じ」についても同様に行う。]
[これまでに見つかった「感じ」を振り返って確認する。]
- ・「他にも何かありそうですか？」
- ・「これまでに確かめたことで，だいたい良さそうですか？」
- ・これまでに確認できた「感じ」をリスナーが簡略に言葉にしてまとめ，フォーカサーはそれを聞きながら再確認する。

〈次の（5），（6）に進んでもよいし，ここで終了することにして（7）に進んでもよい〉

(5) ステップ2「方向を定める」
- ・「これから先，どう進めましょうか？」
- ・「いくつか確かめたうちで『このあたりについてもう少し感じてみたい』というのはありますか？」
- ・「『この感じについてもう少し感じてみよう』というのはありますか？」

(6) ステップ3「フェルトセンスの吟味」
- ・「その感じをもう一度，ゆっくり感じてみましょう」
- ・「できれば，からだのどのあたりがどんな感じがするか，確かめて下さい」

- 「どんな感じ（イメージ）が浮かびますか？」
- フェルトセンスを手がかりにしてプロセスを進める。
- 体験的軌道（フェルトセンスに内在する方向性）についていくことで展開が生じる。

(7) カウンセリングの今後の進め方の吟味
［特定のクライエントとの面接における「感じ」がテーマであった場合は，これまでに生じた気づきをもとに，カウンセリングの今後の進め方について体験的に吟味する。］
- 「このセッションで気づいたことをもとにすると，これからカウンセリングをどのように進めていくのがいいでしょうか」

［さまざまな事例のなかでの「感じ」がテーマであった場合は，これまでに生じた気づきをもとに，今後どのような姿勢でカウンセリングの場に臨むべきかを体験的に吟味する。］
- 「このセッションで気づいたことで，これからのカウンセリングに活かせそうなことはありますか？」

(8) セッションを終了する
- 「このへんで，セッションを終われそうでしょうか？」
- 「終わる前にしておきたいことはありますか？」
- 「では，このセッションを終わっていきましょう」
- 「見つけた『感じ』を十分味わってから少しずつ現実に戻って下さい」
- 「少し体を揺すぶってから，ゆっくり目を開けて下さい」

(9) 終了後の対話
［フォーカサー・リスナーとして，お互いに思ったことや感じたことを語り合う。］

7. セラピスト・フォーカシングの意義

この方法のカウンセラーにとっての意義と考えられることを、以下に述べよう。

1. 自分の体験を内側からの声として丁寧に聴く

カウンセラーは日常の私的な生活を含めて、自分が折々に感じていることを内側からの声として丁寧に聴く力を身につけることが大切である。第8章3節に示した図14〔p. 114〕で、カウンセラーの傾聴の姿勢がクライエントのなかに聴き役を育てることを述べたが、クライエントの内面に生じているものを聴く姿勢を一貫してとれるためには、その前提として、カウンセラー自身が自分の内面に傾聴の姿勢をとれていること、それに馴染んでいることが不可欠である。

カウンセリング面接のときだけ、技術として傾聴の姿勢をとろうとしても難しい。傾聴の姿勢とは人の心への向き合い方であり、心に関わるうえでの作法とでも言えるようなものである。カウンセラーはそれを自分の「身」につける必要がある。フォーカシングという方法は、そのための基礎練習になる。

2. カウンセラーが自分自身を主役として大切に扱う時間を確保する

ふだんの事例検討やスーパービジョンでは、クライエントの心が主役である。カウンセラーの心の動きについては、クライエントをどのように理解するか、クライエントにどのように関わるべきかを検討するなかでの素材として扱われるのみである。しかしこの方法ではそれとは異なり、カウンセラー自身の心の動きが主役である。カウンセラーの心を大切に扱いながら、それを吟味・整理するための場なのである。カウンセラーに「自分のための時間」を提供することに、この方法の重要な意義がある。

3. カウンセリング場面について、体験の水準で振り返る

この方法はスーパービジョンのような、事例についての議論や検討を行う

場ではない。したがって資料などは準備しないし，事例についての情報開示も最小限である。本方法では，面接を進めるなかでカウンセラー自身が体験していることに一貫して焦点が当てられる。この方法の特徴は，カウンセラーの「感じ」をゆっくりと味わい，丁寧に吟味する点にある。つまり，カウンセラーがどのように感じているのかを，体験の水準で振り返るのである。知的な説明や理解ではなく，「私の心」としてそれを感じる機会であると言えよう。

4. 体験を分化・整理し，圧倒してくる体験から距離感を生み出す

ステップ1において，体験の分化・整理が進むと同時に，感じられてきたもの一つひとつについて置き場所や容器（入れもの）をイメージしてそこに置く（入れる）ことにより，体験からの距離感を生み出す。カウンセラーが情動に支配されがちで，圧倒してくる体験に振り回されるような状態になっている場合には，その体験から離れたときの自分の体感をゆっくりと感じることがカウンセラーの助けになる。そのような作業によって体験的距離をとれるようになると，情動ではなく「感じ」として，それを吟味することが可能になるのである。

5. カウンセラー自身の体験の吟味を通じて，クライエント理解を深める

ステップ3において，カウンセラーが自分自身の感じを確かめる作業のなかで，時に「これはクライエントが感じていることかもしれない」というような発見に至ることがある。クライエントとカウンセラーの体験は，どこかで重なっているのである。つまり，自分自身の体験を味わうことが，クライエント理解の深化につながると言える。これは精神分析において議論されている，逆転移を通じてのクライエント理解という道筋と重なるものだが，単に理論にもとづいた思考ではなく，カウンセラーが自分の実際の体感をもとにして，発見的にクライエント理解を深める点が重要である。

6. カウンセリングの今後の進め方について体験の水準で検討する

　これもカウンセラー自身の体験の水準にもとづいて行われる。今の自分が感じていること，体験していることをもとに，これからのカウンセリングをどのように進めていくのかを検討するのである。このため，そこで見出される進め方は教科書的な内容とは異なる場合も多い。今の自分の心を出発点にして，自分の身の丈に合った進め方を検討するからである。「これが今の自分にできそうなことだ」とか，「今の私にはこれが合いそうだ」というような発想である。そのような考えが生まれる場を，筆者は貴重なものと考えている。

第11章

導き手としての暗在的「感じ」
——ある物語の考察

　第10章では，カウンセラー自身に生じる「感じ」を整理しながら，それを活用する道筋について考えてきた。この章では，ある物語を素材にして，それをさらに深めて論じてみたい。暗在的な「感じ」に導かれてやりとりが生まれ，ストーリーが展開していく様子を理解するのに役立つと考えるからである。

　取り上げる素材は，ラフカディオ・ハーン（小泉八雲）の短編の物語『常識』である。文庫本で4ページほどの短いものであるが，筆者はそこからこの主題についてさまざまのことを考えさせられた。簡単にその小説を紹介した後，検討を加えていくことにしたい。

1. ラフカディオ・ハーンによる物語『常識』の紹介

　人里離れた山中の小さな寺に，座禅と聖典の研究にひたすら精進する博識の僧が住んでいた。何人かの信心深い村人が野菜や米を運んで，僧の生活を支えていた。その中にひとりの猟師があった。ある日，猟師が米をもってきた時，僧は言った。「そなたにひとつ話したいことがあるのじゃが，ここに不思議なことが起きている。どうして愚僧のような者にこんなことが生じるのか，とんと納得がいかない。しかし知ってのとおり，長年わしは，毎日座禅と読経をつづけてまいった。そこで，こうしたありがたいことも，勤行の功徳かとも思われる。が，これも確信がもてないのじゃ。しかし確かなことは普賢菩薩が毎晩，象に乗ってこの寺にお見えになる。今夜はここに，わしと泊まるがいい。仏さまをおがむことができるからの」。「そんな尊いお姿をおがめるとは，まったくありがたいことです！」と猟師は答えた。「喜んで，

ご一緒におがませていただきます」。

　そこで猟師は寺に泊まった。しかし次第に，いったいそんなことがありうるだろうかと疑いはじめた。考えれば考えるほど，疑いはますます深まった。猟師が寺の小僧に「お前さんも見なさったかね」と尋ねると「ええ，6回もおがみました」と小僧は答えた。猟師は小僧の正直さを少しも疑わなかったが，この言葉によってかえってますます疑いを深めた。そして姿の現れる時刻を心から待ちうけていた。

　真夜中，東の方に，白い一点の光が現れ，それはずんずん近づいて，白象に乗った尊いお姿になった。僧と小僧はひれ伏して経文を唱えだした。が，突然，猟師は弓をとって立ち上がり，菩薩を目がけて矢を放った。たちまち激しい音響とともに光は消え，姿も見えなくなった。「なんというひどい奴だ！」と僧は涙を流しながら叫んだ。「いったい，どうしてくれるのだ！」。しかし猟師は静かに言った。「和尚さまは座禅と読経の功徳で，仏さまをおがむことができるとお考えになりました。しかしそれならば，仏さまは和尚さまにだけ現れるはずです。私や小僧さんには見えるはずもありません。私は無学の猟師で殺生を生業にしております。どうして仏さまをおがむことができましょうか。仏さまはまわりのどこにでもおられるが，私どもは無知蒙昧のためにおがむことができないのだ，と教えられております。しかし私にも，和尚さまのおがまれたものを，そのまま見ることができました。あれは，あなたを騙し，殺そうとしている化け物に違いありません」。夜明けとともに，あのお姿の立っていた所を調べてみると，猟師の矢を突き立てた，大きな狸の死骸があった。

　この話の最後に，作者は以下のように書いている。「僧は博識で信心深い人であったが，狸に容易にだまされていた。しかし，猟師は無学で信心のない男だったが，たしかな常識をそなえていた。そして，この生れつきの知恵だけによって，ただちに危険な幻影を見破り，それを打ち砕くことができたのである」。

（上田和夫訳，新潮文庫『小泉八雲集』より）

2. 僧の欲望について

　この物語の興味深いところは、作者も書いているように、人格も知識も優れた人（僧）が、その専門の領域において、簡単に迷妄にとらわれてしまったのに対して、素養のない素人（猟師）がその迷妄をただちに打ち破ったことだろう。しかしそれにしても、どうしてこのように容易に、この僧は騙されてしまったのだろうか。

　想像してみると、この僧は求めているものの姿を見失いかけ、自分の努力の成果を、目に見える形で手に入れたくなっていたのだろうと考えられる。僧は人里離れた山中の寺に小僧と2人だけで住み、修行三昧の生活を送っていたようである。世俗的な欲求を極度に抑えて、多くの犠牲をはらって、少なくとも当初は、彼は仏教者としての真の成長を求めていたのだろう。しかし真の仏教者たらんとすることは、ある意味では大変な欲望である。自らに強いている犠牲が大きいだけに、その代償として「何か」を手に入れたいという願いは高まることになるが、しかしその実感をもつことは難しい。どこかでこの僧の願いは変質をきたし、求めているものの姿は見失われ、即物的な「形」を求める欲望が膨れあがっていったと考えられる。

　狸はそこにつけこんで菩薩の姿で僧に近づき、それはものの見事に成功した。僧は「座禅や読経による功徳でこのような不思議が自分に与えられたのではなかろうか」と自己愛に溺れ込み、冷静な判断ができなくなってしまった。逆に素人の猟師の方が「仏さまは、まわりのどこにでもおられるが、私どもは無知蒙昧のためにおがむことができないのだ、と教えられております」と、真の道が内面的なものであることを的確に理解しているのである。

　猟師が仏の姿を倒したとき、僧は「どうしてくれるのだ！」と叫んでいる。この言葉には帰依の対象に対する崇拝は感じられない。むしろ、自分の欲望が挫折したときの自己愛の傷つきが表現されている。願いが強く真摯であればあるほど、それは容易に変質しやすいものとなる。猟師の「（仏の姿は）あなたを騙し、殺そうとしている化け物に違いありません」という言葉はまさに、僧の内面に化け物が棲んでいることを言い当てていたと考えられる。

3. 僧の内面の暗在的「感じ」

　さて，再度物語を読み返してみると，そもそも僧は「何か変だ」という感覚を失ってはいなかったことに気づく。物語のはじめのところを細かく見ると，まず僧は仏が毎晩お見えになることを自分から猟師にうちあけている。「そなたにひとつ話したいことがあるのじゃが」と切り出したのは僧である。また，「こうしたありがたいことも，勤行の功徳かとも思われる」と言いながらも，次には「確信がもてないのじゃ」と，ためらいが表明される。そして猟師に寺に泊まることを求めている。自覚された水準では「（お前も）仏さまをおがむことができるからの」と恩着せがましく言ってはいるが，実は僧は仏が現れることについて，自分のなかに腑に落ちない感覚を感じ，猟師に助けを求めているのである。「この猟師であれば，私の迷妄を払い，私を救ってくれるのではないか」という暗在的な「感じ」にもとづく判断に導かれて，猟師を寺に泊めることになった。果たして猟師は疑いをいだき，僧を救うことになったのである。

　このように，「狸」と「猟師」は，僧の心のなかの2つの部分を代表した存在である。「狸」は欲望であり，「猟師」は救いの力である。猟師は僧を救うために，僧によって導き入れられたのである。

　ここで筆者が強調したいのは，僧のなかにあった，自覚的な水準での思考とは別の，暗在的な体験の感覚である。自覚的には，僧は猟師にも仏をおがませようと猟師に泊まることを勧めたのであろうし，猟師が仏を弓で射たときには嘆き悲しんだ。しかし暗在的には，僧はこの事態のいかがわしさに気づいており，迷妄を晴らすために猟師に泊まることを請うたのだと考えられる。そしてこの暗在的な感覚に導かれて，その後の物語が展開していったのである。作者は猟師のなかの力として「常識」について語り，それを「生れつきの知恵」とも言っている。しかしそれは，これまでに見てきたように，もともと僧のなかに自覚されないまま眠っていた力なのである。この物語においては，それが猟師を導き入れ，猟師の力を借りて真実を明示的なものに

していくのである。

　しかし僧と猟師が異なっているのは，僧のなかではその力は，僧自身にも自覚されないまま，影の力として作用していたにすぎないが，猟師においてはそれが疑いとして結実し，行動の指針となりえたことであろう。つまり猟師には「何か変だ」という暗在的感覚がフェルトセンスとして自覚され，真実を明示的なものにしていく動きを生み出したのである。僧ひとりでは為しえなかった動きが，そこに起こっている事態をフェルトセンスとして感じ取ることのできた猟師という存在を得て，物語として動き出すことになったわけである。このように，肝心なことは，私たちのなかに常に眠っているこの力が動き出せるように，それに対して心が開かれていることである。暗在的な体験の感覚をフェルトセンスとして自覚的に捉えることは，そのような意義をもつと考えられる。

　さて，この力を具現化する者として「猟師」が登場することには，特別の意味があると考えられる。猟師とは単に素人であるだけでなく，「殺生を生業とする」存在であり，仏教の教えのなかではもっとも救いから遠い，もっとも汚れた存在である。その猟師が危険な幻影を見破ったのである。しかも「私には見えるはずがないのに見えた」ことが幻影であることの証拠である。ここにパラドックスがある。僧という，その道の真実に近づいているはずの人に真実が見失われ，もっともそこから遠いと思われていた人にそれが発見されるわけである。このように，パラドックスはダイナミックな動きをもたらす。真実とは，静止した体系ではなく，ダイナミックな動きのなかに，その瞬間のものとして立ち現れてくるものなのではないだろうか。

4. 暗在的な「感じ」が明示的になるプロセス

　僧の内面に当初から存在した暗在的な体験の感覚は，導き入れられた猟師の動きに媒介されて，最後には明示的なものになる。ここに起こっている僧と猟師との間の関係のプロセスは，カウンセリングにも共通する面をもつように思われる。そこで，このプロセスについて，物語を振り返って整理して

みたい。

1. 僧による招請

　猟師が僧の内界に関わることになったのは，僧からの招請を受けたからである。つまり，僧の暗在的な体験の感覚に導かれて，猟師という救いの力が導き入れられたのである。そのさい，僧から猟師に対して，2つの水準でメッセージが発せられている。自覚された水準での「（お前も）仏さまをおがめるから，今夜は泊まるように」というメッセージと，暗在的な水準での，猟師に救いを求めるメッセージである。猟師は「そんな尊い姿をおがめるとは，まったくありがたいことです！」「喜んで，ご一緒におがませていただきます」と答えている。すなわちこの時点では，猟師は僧の自覚された水準でのメッセージに応じるかたちで，僧の内面に入っていく。暗在的な水準の体験の流れは，まだ隠れたままである。

2. 猟師の疑い

　次の段階では，猟師は疑いを抱く。この疑いは，僧の暗在的な体験の感覚を引き継いだものである。僧のなかでは，それは影の力として自覚されずに作用しているだけであるが，猟師はそれをはっきりフェルトセンスとしてつかみ，「疑い」として体験している。しかしそれをすぐに僧に伝えることはできない。「姿の現れる時刻を心から待ちうけていた」と語られているように，ここでは猟師は時が至るのを待つのである。すなわち，この段階では，フェルトセンスは猟師の内面においては「疑い」に結実しているが，それを僧と分かち合うことはできないのであり，猟師ひとりの内面に秘めておくべきなのである。

3. 猟師の仕掛け

　時が至って仏の姿が現れたとき，猟師は行動に出る。猟師のこの行動は，僧のなかに眠っている暗在的な体験の感覚を明示的なものにするための仕掛けである。すなわち，僧の欲望が姿を現したときを捉えて，その正体を僧の

目に見えるものにして映し出すことにより，僧が内面に秘めていた「腑に落ちない」という暗在的な感覚に手がかりを与え，それが明らかなものになるのを促すのである。

4．事後的な発見

　夜明けになって，大きな狸の死骸が見つかる。これを僧の内面の物語として読むならば，死骸の発見は，ここに至って，僧が暗に感じていたことが，明示的に体験しうるものになったことを示していると考えられる。自覚された水準での「ああ，やっぱりこうだったのだ」という新しい認識は，事後的に生じることになる。僧にとっては発見であるが，それは同時に，これまでの猟師の関わりの結果でもある。

5．カウンセラー自身の「感じ」の意義

　前節までに述べた僧と猟師との物語を踏まえながら，カウンセラーはクライエントとの人間関係を結んでいくうえで，自分自身の体験をどのように捉え，取り扱うべきであるかを考えていきたい。それは，やり直しのきかない個別的な体験を瞬間ごとに新鮮に感じ取り，そこに新しい意味を発見していくための基盤について考えていく作業である。

　西平（1993）は二者間の関係性について，関係そのものは「その全体を開示する場を持たない」のであり，「むしろ，関係の端においてのみはじめて姿を現す場を持ち，したがって，その全体はひとつのパースペクティヴを通して見られた『像』としてのみ，はじめて姿を現す」と述べている。すなわち，関係とはそれ自体を観察することはできないものであり，関係の両端に起こっていること（つまり，関係の当事者である２人の体験）をつながりをつけて捉えることによって，はじめて見えてくるものであると言うことができる。言いかえれば，関係のなかで生じる自分自身の体験は，相手の体験と何らかのかたちで関連しているということになる。

　だとすれば，クライエントの感じていることに近づくためのもっとも基本

的な手段は，カウンセラー自身の体験の吟味にあると言えるであろう。カウンセラーが自分自身の内面に生じる暗在的な体験の感覚に注目すること，そしてそれが何らかのかたちでクライエントの感じていることとつながっていると考えていくこと。それがクライエントの暗在的な体験に接近していくための貴重な道筋なのである。

　ただし，カウンセリングの実際場面では，関係の様相は刻々と変化し，さまざまに輻輳する。両者の感じていることの関連性がひどく濃密になることもあれば，薄まる瞬間もある。両者の感じがシンクロして同型的なものになることもあれば，時にはシーソーのように相補的なものとなる場合もある。しかしどのような場合にも，カウンセラーは自分自身に感じられているものがクライエントの体験をつかむ貴重な手掛かりだと捉え，それを大事に扱う姿勢を保つ必要がある。

　前節に述べた僧と猟師の物語において，猟師は起こっている事態がいかがわしいものであることを，自分に生じた体験の感覚から感じ取っている。そしてそれは，実は僧自身が暗在的な水準で感じていることと対応するものだったのである。僧の内面に密かに起こっている，僧自身も自覚していない体験の感覚を，猟師は自分自身の体験を通じて感じ取ったと言うことができるのである。

6.「感じ」をフェルトセンスとして捉えること

　物語について検討するさいに強調したように，猟師が僧と異なっていたのは，僧は事態のいかがわしさに暗在的には気づいていたとしても，それが僧自身にもはっきりとは自覚されないまま影の力として作用していたにすぎないのに対して，猟師においてはそれが疑いとして結実し，行動の指針となった点である。つまり猟師においては，暗在的な感覚にやみくもに振り回されるのではなく，それに注意を向け，それをフェルトセンスとして自覚的に捉えることができているのである。

　カウンセラーが援助者として機能するためには，この点が大変重要である。

カウンセラーが自分自身の感じている暗在的な体験の感覚に注意を向け，それをフェルトセンスとして自覚的に捉えることである。それができてはじめて，カウンセラーは自分の感じている「感じ」を援助のための指針として利用することが可能になる。そこに必要なのは，感情によって振り回されずに静かに自分の内面に注意を向けることができるような体験の自律性である。筆者が主体感覚と呼んでいるのは，そのことを指している。

7. 素人であることの大切さ

取り上げた物語において，宗教的行為の専門家である僧がアマチュアの猟師に救われるかたちでストーリーが展開することは，私たちに重要なメッセージを伝えているのではないだろうか。筆者が思い出すのは，土居健郎による日本心理臨床学会での講演である（土居，1991）。そこで彼は夏目漱石の『素人と玄人』という評論文を引用しながら，「この道では，玄人になってはいけないんです。なぜか。マンネリ化するからです。マンネリ化したらもうだめなんです。素人であり続けることが実は心理療法家，精神療法家の玄人たるゆえんなんです」と強調している。

マンネリとは何であろうか。それは，思考が一定の構造を形作ってしまい，それを壊すことができずにそれによって縛られてしまっている状態と言えるであろう。瞬間ごとの体験を新鮮に受けとめるためには，そのような構造を壊して，繰り返し白紙の状態に戻ることができなければならない。それは認知的な冒険とも言えるものかもしれないが，心理療法家としての玄人であるためには，それが不可欠であると土居は強調しているのである。

これは，本書第１章の３節〔pp. 7-10〕に述べた，「クライエントに手助けしてもらう」こと（援助・被援助の相互性の原理）につながるものである。白紙に戻ってクライエントの表現を受けとめようとする姿勢がないと，クライエントからメッセージは発せられていても，カウンセラーがそれをクライエントからの手助けとして役立てることは難しいからである。

思考は流動性を嫌い，常に固まろうとする傾向をもっている。思考はまと

まらない状態からまとまった状態を目指し，一貫性のない状態から一貫性のある状態へと進んでいこうとする。しかしカウンセリングの実践のなかでは，そのような思考の性質が一人歩きすると，マンネリ化を引き起こすことにつながる。

　カウンセリングの実践においては，思考を固めようとする動き（アセスメントを行いクライエントをきちんと理解しよう，など）が必要であるが，その一方で，それと同じくらい重要となるのは，固まった思考の構造を崩し，流動化させ，白紙に戻して考えようとする動きである。そのための手掛かりになるのが，内面に生じる「感じ」である。「感じ」は固まることのない，常に流動的なものである。「今，私が感じていること」に注意を向け，それに耳を澄ますことにより，固まった思考では受信できなくなっているものを感じ取ることが可能になると言えるであろう。

※ 本章は，吉良安之（1999）「カウンセラーの体験とフェルト・センス―体験過程理論にもとづく考察―」（学生相談　九州大学学生生活・修学相談室紀要, 1, 24-30）に加筆修正などを行って再構成したものである。

第 5 部
実践にあたって念頭においてほしいこと

第12章

それぞれの臨床の場について考える
——学生相談に関する考察から

　本書を読む読者は，さまざまな臨床の現場でカウンセリングを学び始めた人たちであろう。カウンセリングの仕事は，それぞれの現場ごとに要請されるものが異なるため，それに応じた工夫を求められることになる。筆者は長く学生相談という教育現場での臨床活動を行ってきたわけであり，その経験をもとに本書を書いている。しかし読者の方々には，本書から得た知見をそれぞれの現場での工夫につないでほしいと思う。そのための糸口として，この章を読んでいただきたい。

1. この章のねらい

　この章では，筆者の働いている臨床の場である学生相談の性質について述べていきたい。そのねらいは2つある。ひとつは，学生相談について理解を深めてもらうためである。そしてもうひとつは，本書の読者の方々が自分の働く臨床の場について考え，各自のカウンセリングのスタイルをつくっていく参考にしてもらうためである。

　カウンセリングの仕事は，さまざまな場で行われている。その場に適した仕事をすることが求められるのである。まだ経験の少ないカウンセラーは，テキストで学んだことをもとに臨床の実践を行いがちかもしれないが，臨床の現場ではその場に固有の特性に応じて実践のスタイルを考える必要がある。一方，臨床現場の現実に直面すると，現場の要請に振り回されて，カウンセリングに固有の姿勢を見失うおそれもある。

　心理的援助行為としてのカウンセリングの実践では，その軸となるものについては不変性や一貫性（すなわち，心理臨床家としてのアイデンティティ）

を保ちながら，その一方で，この不変性や一貫性を実現するために，現場の状況に応じて姿を変える適応力をもつ必要があると考えられる。植物がその種として変えようがないところは変えず，しかし環境に適応するために変えられるところは変えて，生き延びていくようなものである。

この章では，そのことを考えてもらうつもりで，学生相談について述べることにする。

2. 責任の範囲

学生相談は，大学という教育組織の内側にある，教育組織のもつさまざまな機能のうちのひとつとしてのカウンセリングの場である。したがって，私たち学生相談のカウンセラーは，その大学に所属する学生全体についての責任を負っている。

カウンセリングには来室したことのない学生に自殺や深刻な自傷，あるいは他を害する行為などが生じた場合には，それに対応することが求められる。重大な心理的悩みを抱えた学生が自発的にはカウンセリングに来室しないとしたら，そのような学生にどのようなアプローチが可能かを検討する必要も生じる。

また，しばらくカウンセリングに来室していた学生が，その後にカウンセリングを中断したとしても，カウンセラーの責任範囲から外れたとは言えない。その学生が学生であるかぎり，カウンセラーとしての責任は継続している。「来なくなった」は「終わった」ではなく，「現在は来ていない」という認識が必要なのである。（このあたりは医療機関でのカウンセラーの認識とはだいぶ異なるかもしれない）。

だからと言って，そのような学生に必ず連絡をとって来談を促すというわけではない。カウンセラーとしてどのように行動するかは事例ごとに考えることになる。ただ，学生相談のカウンセラーとしての責任の範疇にあるという認識は必要なのであり，それを前提にして事例ごとに，自分がどのように行動するべきかを考え，判断するのである。

このように，状況に対するカウンセラーとしての対応の前提となる基準として，自分の責任の範囲はどこまでなのか，自分はどのような側面での責任を負っているのかを，ふだんから考えておく必要がある。このことは学生相談に限らず，あらゆる職域のカウンセラーが念頭におくべきことである。

　学生相談では，学生が単位の取得などの修学上の問題や，それにまつわる教員とのトラブルについての相談で来室することもあるが，基本的には教員の教育方針や成績評価にカウンセラーが踏み込むのは適切ではない。それはカウンセラーではなく，教員側の教育上の責任範囲だからである。しかし，それに関連した学生個人の心理的問題，そして学生と教員との間の人間関係という心理的問題については，それにしっかりと関わっていく必要がある。このような場合，カウンセラーとしての責任範囲はどこまでなのか，その境目は微妙であり，あれこれと揺れながら関わりを続けていくことになる。カウンセラーとしてどのように行動するのか，前提となる基準を繰り返し考え，確かめながら，判断していくのである。

　責任範囲を考えるさいには，他の職種の責任範囲との兼ね合いを念頭に入れると考えやすい。学生相談では，上記のように教員，あるいは事務職員，受付事務，医師，保健師や看護師などとの責任分担を考えていく。医療機関であれば，心理カウンセラーは医師や看護師，受付事務との責任範囲の兼ね合いを考えることが必要であろう。

　そのさい，援助の対象者（学生相談の場合は学生）の側の利益のためには，職種間の責任範囲が少しずつ重なりながら分担されているのが望ましい。各職種の責任範囲が重ならずに明瞭に分かれていると，隙間が生じることがある。どの職種も自分の責任範囲ではないと判断してしまうわけである。対応が難しい例外的で複雑な相談の場合，特にそのような事態が起こりがちである。そのような場合こそしっかりした支援が必要であるため，複数の職種がそれぞれ自分の責任範囲に関わるものとして対応するのが妥当である。そうでないと，援助対象者が援助者間の隙間に落ちてしまうおそれがある。

　職種間での連携は重要であるが，それはそれぞれの職種のスタッフが各自の責任の範囲をしっかり考えながら，なすべき仕事を行っていることが前提

にあってはじめてうまくいくのである。

3. 何を問題として扱うのか——心の問題と現実的課題との狭間で

　学生相談は，前述のように，大学に在籍する学生全体を対象としている。このため，さまざまな問題を抱えた学生が相談に訪れる。精神面の病理や心理的悩みをもつ学生，障害のある学生，修学上や生活上あるいは経済面での困難を抱えた学生，成長につながるような積極的な意味での心理的課題について考えるために来室する学生など，きわめて多様である。

　したがって，そこには心理的な問題だけでなく，現実的な課題が重なっており，現実的課題を乗り越えるための援助を求めて来室する学生もまれではない。たとえば病理を抱えた学生の場合であっても，病理そのものよりも，それによって生じた修学上の問題の相談で来室した場合は，それに向けた援助を行うことになる。病理についての治療は医師に担当してもらい，カウンセラーは修学上の困難について援助を行うような役割分担である。

　そのさい，学生相談において，現実的課題を扱うことと心の内界を扱うこととのつながりをどのように考えるかが，重要なテーマとなる。定期試験，卒業論文，就職活動などの現実的課題を乗り越えるのを援助することは学生を指導する教職員と共通する課題意識である。一方，学生の内面の問題を見ていくことは学生相談を担当するカウンセラーに固有の課題意識と言える。カウンセラーの問題の捉え方が現実的課題への支援に偏りすぎると学生相談に固有の視点が消えてしまい，カウンセラーとしての学生への貢献は減少することになる。しかし現実的課題を無視して心の内面の問題に関心が偏りすぎるのは非現実的である。

　たとえば第9章で論じた事例のAさんの場合も，第Ⅴ期では卒論への取り組みが大詰めとなり，面接でもその話題が大半を占めて内的問題を話題にするのは難しくなっていった。卒論がAさんにとって喫緊の課題であることは明らかであったため，カウンセラーはその話題をしっかり聴くことを心掛けた。しかし一方で，それが心理的問題とどのようにつながるのかに留意

していた。そのなかで，卒論という現実的課題を進めるうえでの心の問題を検討する機会が#55や#61において生じたのである。

　鶴田（2010）は，大学生の学年移行に伴う心理的課題の変化を軸として学生相談事例や大学生全体を理解する視点を「学生生活サイクル」と呼んで論じ，卒業期には卒業研究や進路決定などの現実的課題に伴って「内面と現実との統合が課題となる」と述べている。

　現実的課題と内面的問題は，学生生活での経験に伴う成長によって自然につながる場合もある。卒業研究や就職活動を乗り越えることで心理的成長が見られるような例である。しかし，現実的課題への直面によって内面的問題を取り扱う心理作業が遮られる場合もある。目前の現実的課題への対処が重要な問題となって心の問題についての取り組みの継続が難しくなるような状況である。そのような状況では，現実的な課題のなかに内面の問題とつながるものを見つけ，両者を重なったものとして扱えるような視点を見出していくことが重要になると言えるであろう。

　学生によっては，心理的な問題に向き合うことに困難や苦痛を感じて目前の現実的課題に逃避する場合（現実への逃避）がある。また逆に，目前の現実的課題に直面できずに心理的な話題を繰り返し語り続ける場合もある。学生相談を担当するカウンセラーは，それぞれの学生において，現実的課題と内面的問題とがどのような関係にあるのかを見ていく必要がある。それは学生相談におけるアセスメントとして，重要な視点なのである。

　ここに述べた，心の問題と現実的課題との狭間でカウンセラーの課題意識をどこに置くかというテーマは，学生相談に限らず，他の職域のカウンセラーにとっても重要と考えられる。クライエントは何らかの現実的な課題を抱えており，それを何とかするための援助を必要としている。しかし私たちカウンセラーが求められるのは，そこに現れる心理的問題に焦点を当てる必要がある場合である。

　クライエントは現実的課題に向き合うなかで，漠然とではあっても心理的な問題の存在を感じ，カウンセリングを訪れる。そのクライエントに対して，カウンセラーはどこに軸足を置いて応じていくのか。現実的課題と心理的問

題とのつながりや重なり具合を考えながら，カウンセリングにおいて取り組むべき目標を立て，それをクライエントに伝え，共同作業を進めていく必要がある。

カウンセラーとして「何を問題として扱うのか」は，常に考えておくべきテーマであると考えられる。

4. 心理的援助のスタイルづくり——クライエントの文脈に沿って考える

本書の第1章7節〔pp. 17-19〕で，理論や技法とのつきあい方について述べた。そこでは，自分自身の臨床経験を通じて身につけた感じ方，考え方を理論や技法と擦り合わせ，葛藤を抱えながらやりとりしていくことが大切であること，葛藤なしにそれらを取り込むことはむしろ取り込まれることであって，カウンセラーとしてもっとも重要であるはずの自分自身の感じ方，考え方を磨き上げていく作業を損なうことにつながりかねない，ということを論じた。ここで述べることは，その続きである。

カウンセラーは自分の学びの過程で，ある理論や技法などに興味や関心を抱き，それについて学習や経験を蓄積してきているであろう。そしてそれを，自分の働く職場での臨床実践に活かしたいと考えるであろう。しかしそれは，カウンセラーとしての自分の文脈である。カウンセラーとしての自分の生き方として，その理論や技法が重要な柱となっているわけである。

一方，ここで筆者が言いたいのは，クライエントもまた，自分の文脈のなかで生きているということである。とても当たり前のことであるが，カウンセラーの仕事は相手に役だってはじめて「仕事」と言えるものである。そのためには，クライエントの文脈に沿った援助を工夫していかねばならないのである。

したがって，カウンセラーが自分の関心や自分の文脈にもとづいて援助の方策を一方的に判断していくことはできない。ある考え方や技法にクライエントを合せるのではなく，クライエントの問題についてアプローチするために，ある考え方を念頭においたり，ある技法を用いたりする，という姿勢が

必要である（もちろん，そのカウンセラーが拠りどころとする，「学派」と呼ばれるような基本的立場や理論は事例によって変えるわけにはいかないが）。このように述べると，ごく当然の大前提について語っているように思うかもしれないが，上記のような事態は（筆者を含めて）折々に生じるものである。

　逆の発想をしてみよう。あるクライエントが，カウンセラーである自分が柱としている心理療法の理論や技法に精通していて，それを適用してほしいと希望して来談したとしたら，どうだろうか。カウンセラーがそれに「自分の仲間が来た」と喜んで応じるのは難しいであろう。むしろ，カウンセラーとして戸惑い，クライエント自身の文脈を聞きたくなる。そしてクライエントの文脈に沿って，自分が援助者として何をすればよいのかを考えることになるであろう。

　過去から現在に至るまでそれぞれ別の文脈を生きてきた両者が出会って共同作業を行うのが，カウンセリングという営みである。「出会い」と言うのは簡単だが，真の意味での「出会い」はなかなか難しい。

　本書で論じてきたように，筆者はフォーカシングの考え方を軸にして，これまで臨床実践を行ってきた。しかしそれをクライエントに伝えたことはあまりない。そうではなく，クライエントの文脈を聞いて理解することを出発点にして，援助のスタイルを考えてきた。その過程で，フォーカシングの考え方やその実践経験が大変役立ったことも多いが，一方ではフォーカシングについて十分に満足できない点や課題をいろいろと感じ，それらについて考えるようにもなった。これまでを振り返ると，筆者はフォーカシングと対話をしながら，あるいは（大げさに言えば）対峙しながら，自分の臨床実践を続けてきたように感じている。

　このように，クライエントの文脈に沿って援助の方策を工夫することが私たちカウンセラーの仕事である。筆者の場合，前節までに述べてきたような学生相談という臨床現場の特性を踏まえながら，個別のクライエントごとの主訴を聞き，自分がそこにカウンセラーとしてどのように関わるのかを考えて，それを行ってきた。これから経験を積んでいこうとしているカウンセラー

は，それぞれが自分の臨床現場でそれを行っていくことになるであろう。
　一方，その工夫の背景には，カウンセラー自身の文脈として，拠りどころとなる理論や技法が存在する。それは日常の仕事においてはあまり表立たず，隠し味のようなものであろうが，カウンセラーにとって大切なものである。両者の「出会い」のためには，カウンセラーはカウンセラー個人としての文脈，アイデンティティをもっている必要があるからである。

補　論

カウンセリング実践に関する覚え書き
——まとめに代えて

　本書の末尾となるこの章では，カウンセリングを実践するうえでの留意事項として，筆者が言い足りなかったこと，書く機会を見つけられなかったことをいくつか，順不同で書き記しておきたい。本書を手にとったカウンセラーの方々にとって，どこかで役立つ部分があれば幸いである。

1. 思考や態度の柔軟さ・なめらかさ・瑞々しさ

　カウンセリングで大切になることのひとつは，思考の柔軟さである。クライエントとして来談する人の特性や抱える課題は一人ひとり異なる。カウンセリングはそれに対応していくため，そこで扱われるのは常に新たなものである。前の人との間で経験したことが，次の人にそのまま当てはまるわけではない。したがって，はじめての状況にいつも向き合って，自分が何をすべきなのかを考えて実践していくことになる。

　このため，カウンセラーには思考においても態度や行為においても，柔軟さが求められる。それは，「固定的，機械的，反復的」とは対極のあり方である。

　ここで述べている柔軟さとは，具体的には，ある考えが浮かんでもそれに固執せずに白紙に戻って考えられること，ふと浮かんでくる連想や思いをもとに新たに考えていけること，自分の考えていたことの間違いに気づいたときの不連続感を強い抵抗なしに受けとめること，などである。思考の仕方のこのような特性は，クライエントと関わるさいの態度やふるまいにも反映されるだろう。

　硬直的でない思考は，なめらかさ，瑞々しさにつながる。角張った直線的

思考ではなく，なめらかなカーブを描くような思考，泉から水が湧き出すような瑞々しい思考スタイルを理想にしたい。対話のなかで，クライエント・カウンセラーのどちらからともなくある考えや意味が生み出され，そのことに両者が少しばかり感激を覚えるようなやりとりが，カウンセリングの楽しさである。

　遊び心と表現されるものも，これに関連しているだろう。子どもの遊びは，ここで述べていることとぴったり合う。何かのために遊ぶのではなく，遊ぶことそのものが目的となっていて，それに夢中になる。欲求充足のためではなく，それ自体が楽しい。そのような心の領域でカウンセリングの時間を過ごせることが理想だろう。

　クライエントの課題に真剣に向き合いながら，しかし余裕を失わず，いろんな角度からその課題を眺めて自由に発想できるような豊かさを保っていたい。

2. 揺さぶられる能力と揺るがないでいる強さ——柳の木のイメージ

　カウンセラーが揺さぶられないとしたら，それは揺れることに不安を感じるために，揺れないでいようと自分を固く守っているからだろう。クライエントの言葉やふるまい，態度などを受けて，カウンセラーは揺さぶられるのが当然である。むしろ「揺さぶられる能力」と名づけて，肯定的積極的に意味づけたい。本書で，カウンセラーの主体感覚について論じたが，これも一時的にそれが希薄化したり，その後には回復したりという揺れ動きが大切である。常に主体感覚が揺るがないでいることを指向しているのではない。

　一方，カウンセラーが揺さぶられて圧倒され，何もできなくなってしまってはどうしようもない。揺れるけれども，倒れずに粘り強くしっかりと立ち続けるような強さが必要である。揺るがずに立ち，カウンセリングの場をしっかりと守るような強さである。

　そのようなことを考えていると，筆者には柳の木のイメージが浮かぶ。柳の木は，かすかな風にも繊細にそよぐが，強い風が吹いても簡単には倒れな

い。クライエントから響いてくる微妙な表出にも反応して揺れることができるような繊細さと，大きく揺さぶられるような強い風が吹いてもそれに耐えられるような丈夫さの両面を，兼ね備えていたい。しっかりと根を張った太い幹と，繊細に揺れる長い枝や葉をもった，柳の木のイメージである。

3. 感じること・考えること・表現することの円環運動

　カウンセラーの仕事は，感じること，考えること，表現することの3つの活動から成ると言えるだろう。クライエントから伝わってくるさまざまな響きを感じ取り，それをもとに考え，それをクライエントに伝え返し，さらにそれに対するクライエントの反応を感じ取り……，というような円環的な動きである。そしてそれが時間軸のなかで繰り返されると，らせん式に進んでいくことになる。

　この3つの要素のうち，どれかが肥大して他の要素を圧倒するような状態は，好ましくないと思う。たとえば，感じてばかりのカウンセラー，思考することに専念するカウンセラー，言葉でクライエントに伝えてばかりのカウンセラーを想像してみると，そのバランスの悪さがわかるだろう。この3つの要素が三等分くらいの割合でバランスよく配合されたカウンセリング実践を目指したいものである。

　そのためには，自分の個性に気づく必要がある。私たちはそれぞれクセをもっている。3つの要素のどれかに偏っているかもしれない。もしそうなら，あまり開発されていない他の要素を膨らませ，磨いていく必要がある。内輪のカウンセラー仲間の勉強会などで自分の担当事例の経過を聞いてもらったり，コメントをもらったり，また他のカウンセラーの発表を聞いたり，そこでのディスカッションに参加したりすることから，自分の個性に気づいて足りない要素を膨らませる機会を得ることができるだろう。その集まりは，あまり緊張せずに伸び伸びとやりとりができるような内輪のものがよいと思う。

4. クライエントに向ける心的エネルギー量を一定に保つ

　これは，第8章の5節〔pp. 117-120〕で終結期について述べるなかで少し触れたことである。カウンセリングの進行過程には，平穏な時期もあれば波風の立つ時期もある。しかしカウンセラーはクライエントに向ける心的エネルギーの量を一定に保ち続ける必要がある。

　クライエントの揺れが大きいときや厳しい状況にあるとき，あるいはカウンセリングの山場と感じるときには，カウンセラーはそれを感じ取ってエネルギーを注ぐだろう。それは自然なことであるが，そのような時期を過ぎてクライエントが安定を取り戻すと，カウンセラーはほっとしたり，ひと仕事が終わったと感じて気が緩んだりしがちである。しかし，そのことがクライエントに向けるエネルギー量の低下にならないように注意したい。

　「ほっとする」「ひと山越えた」という状態にあることは，心の様相のひとつである。カウンセラーはそのような様相にあることはそのまま感じながら，しかしクライエントへの関心の量としては，前と変わらず一定程度のものを注ぐ必要がある。

　なぜなら，クライエントにとっては，「苦しい時期を通り過ぎたら，カウンセラーの関心はどこか別のところに行ってしまった。見放されてしまった」という体験になりかねないからである。「自分が病気のときは看病してくれるけれど，元気になったら無関心になる親」の姿ではなく，「病気のときも元気なときも，いつも自分を見てくれている親」の姿を念頭に置いて，カウンセリングを行っていきたい。

　このことは，カウンセラーとして行うべき仕事をどのように見つけるか，ということとも関連しているように思う。カウンセラーには，クライエントの揺れが大きい時期に行うべき仕事もあるが，クライエントが平穏を取り戻した時期だからこそできる仕事もある。平穏な心の状態だから，それまでを振り返って考えてもらったり，クライエントの心のクセや陥りがちな状況に気づいてもらうことができるかもしれない。やるべき仕事はたくさんある。それを見つけていければ，クライエントに向けるエネルギー量が減ることは

ないだろう。

5. 変化の少ない面接の繰り返しにも意義を見つける

　カウンセリングの過程はさまざまである。揺れ幅が大きくドラマチックな展開をたどる事例もあるが，あまり揺れがなく変化を感じ取りにくい事例もある。変化の少ない面接が繰り返される場合，カウンセラーは「この事例の面接は，マンネリ化して停滞しているのではないか」という問いを頭に浮かべて，考える必要があるだろう。そしてもしそうであれば，停滞しているのはどうしてなのかを考え，それを展開につなぐための手掛かりを見つけていく必要がある。

　しかし事例によっては，同じことの繰り返しのように見える面接の継続がクライエントの現状維持に役立っていることもある。あるいは，カウンセラーからあるテーマについて繰り返しメッセージを伝え続け，それがなかなかクライエントの内側には響かないけれど，それを何十回か繰り返すことで変化が生じてくる，というような事例もある。

　後者のような事例の場合，変化が起こってみれば，カウンセラーはそれまでの自分の作業が活きてきたことを実感することができる。カウンセリングの過程がストーリーとなって見えるようになるのである。しかしそれまでは，流れが読めない。果たしてこれでいいのだろうかと自問自答しながら，模索するような作業を重ねるのである。

　暗中模索の時期に作業を継続できるのは，「クライエントにとっての課題はここだから，今はあまり手応えはないけれどそれを伝え続けよう」とか「カウンセラーとして今できることはこれしかないから，それを続けよう」というような思いである。現状のなかで自分にできることを確かめ，それを行うのである。そしてそれは，クライエントに助けられてのことである。「クライエントがカウンセリングに来続けているのだから，この時間に意義があるはずだ」と信じ続けることができる。

　以上に述べてきたように，変化の少ない面接の繰り返しにもカウンセラー

は意義を見つける（あるいは意義を信じる）ことが大切である。結果はすぐに現れなくても，方針を定めてそのための作業を続けるような努力である。

6. 細かなところを丁寧に

　カウンセリングの実際では，細かなところがきわめて大事になる。そのことが，カウンセリングが奏功するか，それともうまくいかないかに大きく影響するように思う。細かなところとして筆者の念頭にあることを，いくつか述べていきたい。

　ひとつは，クライエントのペースに合わせることである。クライエントによって，語り方のリズムや間合いは異なる。うまく話せない様子で言葉を探しながら語る人もいるし，淡々と話す人もいる。訴えるように次々と語る人もいれば，愛想のよい笑顔で深刻な話をする人もいる。それぞれの人のリズムにまず波長を合わせて，その流れに応じることからカウンセリングは始まる。言葉遣いも，多少相手に合わせる必要がある。まずはクライエントが自分のペースで面接の時間を過ごせるようにしたい。カウンセリングがクライエントのための時間であることを実感してもらう必要があるからである。そしてそのうえで，カウンセラーは自分のなかに生じる感じをもとに，少しずつメッセージを差し挟んでいく。こちらからの働きかけを，幾分かずつ混ぜ込んでいくのである。

　第2に，「自分の伝えたいことがカウンセラーにちゃんと伝わって，それに応じたことがちゃんと返ってくる」とクライエントに感じられるように心がけたい。テニスに譬えると，ラリーがきちんと続くことである。両者の間で言葉はやりとりされているけれど，気持ちや考えのやりとりにはなっていない，ということになると悲しい。しかし実は，それが起こりやすいのである。カウンセラーがあるクライエントに熱心になっていると，なおさらそうなりやすい。相手との距離が縮まると，混同が生じるからである。

　「相手と自分は別の人間であり，相手は別のことを考えているかもしれない」ということを前提にしてやりとりをした方が，一方的になる危険は少な

い。別々の人間であることを前提にしながら，少しずつ共有できることを増やしていくつもりが大切だと思う。そのためには，よくわからないと思ったら，訊く（質問する）必要がある。すると，思いがけない返答が返ってくることがある。そこでカウンセラーが，〈そういうことなんだ〉と納得感を伝え返すと，クライエントは安心する表情を見せることが多い。

　3つ目として，上記のことと関連しているが，クライエントの意思や考えを確かめながら進むことである。現状についての理解，面接の進め方，今後の課題と考えることなど，折々にクライエントの判断を確かめる作業を行う。そのさい，筆者は〈僕はこう考えているけど，どうなの？〉と，カウンセラー側の判断を伝え，クライエントの判断を尋ねることが多い。先ほどのラリー意識である。お互いの考えを出し合い，共有できることと異なることを確認するのである。両者間で考えの異なることを「そこは違っている」と確認することも，相違点の共有という意味で，共有物を増やすことになる。

　以上，3つの点について述べてきたが，これらの背景にあるのは，クライエントがあまり言葉にできていないけれど表情や雰囲気で表出しているものを，カウンセラーが感じ取ろうとする意識であろう。よくわからないけれど何かクライエントは感じているみたいだ，何か表情が変わった，どうもしっくりきていないみたいだ，などを感じ取って，それをもとに可能ならやりとりをし，共同作業の感覚をもてるように微調整する。繰り返し微調整を行いながら進んでいく姿勢が大切だと思う。

7. 自分の心を大切に扱う

　このことは第10章にも述べたのだが，ここで再び取り上げたい。カウンセラーが使うもっとも基本的な道具は，自分の心である。カウンセリングでは言葉が主なコミュニケーション手段だが，その言葉が生まれるのは自分の心を通じてである。

　したがって，日頃から自分の心を整え，カウンセリングの仕事に使える状態を維持することは，カウンセラーとして基本的に重要なことと言えるだろ

う。大工さんがノミやカンナを手入れするのと同様のことである。しかしその割には，このことに言及されることは少ないように思われる。

　体調を維持したり，心の安定を確保することに，私たちは気を配っておく必要がある。そして心理的ストレスに耐えうるような丈夫さも身につけたい。心理的に厳しい環境のなかでも自分の心を丁寧に使えるような力量がほしいものである。

　そのためには，折々の自分の心のあり方をモニターする必要がある。今自分がどのような心の状態にあるのかを感じ取る習慣である。そして，生気のある伸びやかな心の状態を確保するにはどんなことがあったらいいのか，工夫も必要となる。

　まず，自分の心を大切に扱う習慣をつけよう。そのことが，クライエントの心を大切にするための前提となるからである。

文　献

阿部悦子・田嶌誠一（2004）：青年期における「悩み方」の過程に関する研究——体験的距離と心的構えの視点から．九州大学心理学研究 5，229-237

近田輝行（1997）：「間」をとること——その役割と工夫．池見陽編著，フォーカシングへの誘い．サイエンス社，東京

近田輝行（2002）：フォーカシングで身につけるカウンセリングの基本——クライエント中心療法を本当に役立てるために．コスモス・ライブラリー，東京

土居健郎（1991）：専門性と人間性．心理臨床学研究 9(2)，51-61

Gendlin, E. T.(1964)：A theory of personality change. In, Worchel, P. & Byrne, D.(eds.) *Personality Change*. John Wiley, New York. 村瀬孝雄訳（1981）：人格変化の一理論．体験過程と心理療法．ナツメ社，東京

Gendlin, E. T. (1968)：The experiential response. In, Hammer, E. (ed.) *Interpretation in Therapy: Its Role, Scope, Depth, Timing and Art*. Grune & Stratton, New York

Gendlin, E. T. (1981)：*Focusing*. Bantam Books, New York. 村山正治・都留春夫・村瀬孝雄訳（1982）：フォーカシング．福村出版，東京

Gendlin, E. T. (1984)：The client's client: The edge of awareness. In, Levant, R. & Shline, J. (eds.) *Client-centered Therapy and The Person-centered Approach: New Directions in Theory, Research, and Practice*. Praeger Publishers, New York.

平野智子（2012a）：フォーカシングに馴染みがない心理臨床家のためのセラピスト・フォーカシング・マニュアルの作成．関西大学臨床心理専門職大学院紀要 2，97-107

平野智子（2012b）：対人援助職支援としてのフォーカシングの有益性の検討——産業保健師を対象として．心身医学 52(12)，1137-1145

池見陽（1995）：心のメッセージを聴く——実感が語る心理学．講談社，東京

池見陽・矢野キエ・辰巳朋子・三宅麻希・中垣美知代（2006）：ケース理解のためのセラピスト・フォーカシング：あるセッション記録からの考察．ヒューマンサイエンス（神戸女学院大学大学院人間科学研究科紀要）9，1-13

伊藤研一・山中扶佐子（2005）：セラピスト・フォーカシングの過程と効果．人文（学習院大学人文科学研究所）4，165-176

神田橋條治（1984）：精神科診断面接のコツ．岩崎学術出版社，東京（追補 精神科診断面接のコツ．岩崎学術出版社，東京，1994）

神田橋條治（1997）：対話精神療法の初心者への手引き．花クリニック，東京

神田橋條治（2013）：医学部講義．黒木俊秀・かしまえりこ編，創元社，大阪

河合隼雄（1977）：心理療法における「受容」と「対決」．臨床心理事例研究（京都大学大学院教育学研究科・心理教育相談室紀要）7（河合俊雄編『新版 心理療法論考』創元社，2013．に所収）

吉良安之（1986）：心理臨床の学習の仕方．前田重治編，カウンセリング入門――カウンセラーへの道．有斐閣，東京

吉良安之（1994）：自責的なクライエントに笑いを生み出すことの意義――クリアリング・ア・スペースの観点から．心理臨床学研究 11(3), 201-211

吉良安之（2002a）：フォーカシングを用いたセラピスト自身の体験の吟味――「セラピストフォーカシング法」の検討．心理臨床学研究 20(2), 97-107

吉良安之（2002b）：主体感覚とその賦活化――体験過程療法からの出発と展開．九州大学出版会，福岡

吉良安之（2009）：日々の臨床実践の土台としてのフォーカシング．諸富祥彦編著，フォーカシングの原点と臨床的展開．岩崎学術出版社，東京

吉良安之（2010）：セラピスト・フォーカシング――臨床体験を吟味し心理療法に活かす．岩崎学術出版社，東京

吉良安之（2012）：自分自身の内側の声を聴く．臨床心理事例研究（京都大学大学院教育学研究科・心理教育相談室紀要）39, 7-10

吉良安之（2015）：発達障害傾向のある学生の支援経験からの気づき．九州大学学生相談紀要 1．（印刷中）

Kirschenbaum, H. & Henderson, V. L. (eds.) (1989)：*The Carl Rogers Reader*. Sterling Lord Literistic, New York. 伊東博・村山正治監訳（2001）：ロジャーズ選集（上）（下）――カウンセラーなら一度は読んでおきたい厳選33論文．誠信書房，東京

小林孝雄・伊藤研一（2010）：スーパービジョンにセラピスト・フォーカシングを用いることの有効性の検討．人間性心理学研究 28(1), 91-102

Mahler, M. S., Pine, F. & Bergman, A. (1975)：*The Psychological Birth of the Human Infant*. Basic Books, New York. 高橋雅士ほか訳（2001）：乳幼児の心理的誕生――母子共生と個体化．黎明書房，名古屋

増井武士（1989）：「置いておく」こと，と「語りかける」こと．北山修・妙木浩之編，言葉と精神療法（現代のエスプリ 264）．至文堂，東京，160-169

増井武士（1994）：治療関係における「間」の活用――患者の体験に視座を据えた治療論．星和書店，東京

増井武士（1997）：フォーカシングの臨床的適用——前言語的メッセージとその治療的介入．村瀬孝雄編，ロジャーズ——クライエント中心療法の現在（こころの科学74）．日本評論社，東京（増井武士『治療的面接への探求3』人文書院，2008．に再録）

真澄徹（2012）：臨床心理実習におけるセラピスト・フォーカシングの意味．学習院大学人文科学論集21，149-166

Mindell, A.（1995）：*Metaskills: The Spiritual Art of Therapy*. New Falcon Publication, Tempe, Arizona. 佐藤和子訳，諸富祥彦監訳・解説（2001）：メタスキル——心理療法の鍵を握るセラピストの姿勢．コスモス・ライブラリー，東京

中村道彦（1997）：疾病分類と解離性障害—— DSM-IV，ICD-10 を中心に．解離性障害（精神医学レビュー22）．ライフ・サイエンス社，東京，13-21

成田善弘（1981）：精神療法の第一歩．診療新社，東京（新訂増補 精神療法の第一歩．金剛出版，東京，2007）

成瀬悟策（1988）：自己コントロール法．誠信書房，東京

成瀬悟策（2000）：動作療法——まったく新しい心理治療の理論と方法．誠信書房，東京

西平直（1993）：エリクソンの人間学．東京大学出版会，東京

西澤哲（1999）：トラウマの臨床心理学．金剛出版，東京

小田友子（2000）：青年期における悩みの主観体験化に関する研究——「悩み体験スケール」の作成を通して．人間性心理学研究18(2)，117-127

岡野憲一郎（2007）：解離性障害——多重人格の理解と治療．岩崎学術出版社，東京

Ornstein, P. H.（ed.）（1978）：*The Search for the Self—Selected Writings of Heinz Kohut: 1950-1978*, Volume 1. International Universities Press, New York. 伊藤洸監訳（1987）：コフート入門——自己の探究．岩崎学術出版社，東京

Rogers, C. R.（1957）：The necessary and sufficient conditions of therapeutic personality change. *Journal of Consulting Psychology* 21, 95-103. 伊東博編（1966）：パーソナリティ変化の必要にして十分な条件．ロージャズ全集4 サイコセラピィの過程．岩崎学術出版社，東京

Searles, H. F.（1979）：*Countertransference and Related Subjects*. International Universities Press, New York. 松本雅彦ほか訳（1991）：逆転移1 分裂病精神療法論集．みすず書房，東京

Sullivan, H. S.（1954）：*The Psychiatric Interview*. W. W. Norton & Company, New York. 中井久夫ほか訳（1986）：精神医学的面接．みすず書房，東京

田嶌誠一（1987）：壺イメージ療法．成瀬悟策監修，田嶌誠一編著，壺イメージ療法——その生いたちと事例研究．創元社，大阪

田嶌誠一（1990）：「イメージ内容」と「イメージの体験様式」——「悩む内容」と「悩

み方」．臨床描画研究 V，70-87
滝川一廣（2004）：心理療法の基底をなすもの──支持的心理療法のばあい．村瀬孝雄・村瀬嘉代子編，ロジャーズ──クライエント中心療法の現在．日本評論社，東京
徳田完二（2000）：体験内容に触れないことの意義．心理臨床学研究 18(1)，46-57
徳田完二（2009）：収納イメージ法──心におさめる心理療法．創元社，大阪
鶴田和美（2010）：学生生活サイクル．日本学生相談学会 50 周年記念誌編集委員会編，学生相談ハンドブック．学苑社，東京
Winnicott, D. W.（1958）：*Collected Papers : Through Paediatrics to Psycho-Analysis*. Tavistock Publications, London. 北山修監訳（2005）：小児医学から精神分析へ──ウィニコット臨床論文集．岩崎学術出版社，東京
Winnicott, D. W.（1971）：*Playing and Reality*. Tavistock Publications, London. 橋本雅雄訳（1979）：遊ぶことと現実．岩崎学術出版社，東京
山中康裕（1978）：少年期の心──精神療法を通してみた影．中央公論新社，東京

索　引

あ行

アイデンティティ　166
アセスメント　42, 44, 170
遊び　93, 138, 175
暗在的　46, 57, 61, 111
　　――な意味感覚　59, 73, 115
　　――な「感じ」　158
　　――な体験の感覚　158, 159, 162
安全感　104, 105, 125
怒り　70
池見陽　102
意味づけの提示　75, 79, 109
イメージ　75, 77
医療機関　44, 83
違和感　72, 147
ウィニコット　57, 93
内側からの声　115, 147, 152
えぐる　128, 137
援助・被援助の相互性の原理　7, 39, 65, 163
親　48, 50

か行

外在化　57
外的事柄　136
解離性障害　121
解離性同一性障害　121
カウンセラーからの別離　120
カウンセリング
　　――の進行過程　117
　　――の目標　114, 116
拡散・集中
　　注意の――　78, 79
学生生活サイクル　170
学生相談　44, 122, 166, 170, 172
仮説　41, 42
　　――と検証　42
家族　33
　　――構成　33, 39
語り方　46, 56, 57
語る態度　56, 57
からだの感覚　96
からだの感じ　113
河合隼雄　72
関係づくり　39, 41, 55, 81
観察　48, 55
感じ　80, **113**, 140-143, 153, 164
感じにくさ　104
感情　95, 119
感情の反射　58
感じられた意味　59, 113
感じられているものと主体側とのやりとり（対話）　137
神田橋條治　52, 73, 89
カンファレンス　19
関与的観察　55
聴き役　115
聞く　**45**, 47, 56, 64, 73
訊く　**73**, 74, 79, 104, 106, 108, 143, 180
聴く（傾聴）　**45**, 46, 47, 56, 57, 59, 61, 63, 73, 79, 104, 105, **106**, 107, 108, **114**, 142
逆転移　140, 153
教員　168

境界性パーソナリティ障害　　62, 63
共感　　57, 72
教職員　　44, 48
協働　　39
　　——する関係　　52
共同作業　　39, 52, 117, 172, 180
極期　　119, 134
距離　　62
距離感　　141, 153
空間づくり　　102
クセ　　3, 176, 177
口ぶり　　46, 56, 57, 84, 85
傾聴　　→ 聴く（傾聴）
　　——の仕方　　107
　　——の姿勢　　115, 152
原苦慮　　27, **28**, 62, 92, 103, 113, 114
　　——からの距離　　105
　　——からの響き　　115
現実的課題　　169, 170
現実への逃避　　170
構造‐拘束的　　96
個人的課題
　　カウンセラーの——　　5, 6
固定した意味づけ　　71
言葉　　85-87, 89, 91, 112, 138
言葉と表情
　　カウンセラーの——　　89
　　クライエントの——　　87, 89
コフート　　57

さ行

サールズ　　92
支えの機能　　81
サポート　　33
サリヴァン　　55
三角形　　53
　　——の対話　　53, 54, 57, 65, 70, 81
ジェンドリン　　57, 58, 95, 102, 113, 115

時間　　86
時間枠　　44
自己心理学　　57
自殺　　167
支持的心理療法　　81, 82
自傷　　167
自傷行為　　124, 132
終結期　　119, 120, 134, 135, 177
柔軟さ　　174
収納イメージ法　　106
修業　　20
修行　　15
主訴　　24, 28, 37, 38
　　——からやや遠い背景　　33
　　——に近い背景　　31
　　——を語る　　25
　　——を聞く　　29, 31
主体感覚　　**110**, 113, 119, 144, 163, 175
　　——の損なわれた体験　　110, 138
　　——の賦活化　　111, 116, 138
　　——の保持された体験　　111
守秘　　14
　　——義務　　13, 15
受容　　72
照合　　81
情動　　**113**, 141, 144
情報収集　　39, 41, 81
　　——者　　39
情報提供者　　39
初回面接　　24, 44, 48, 64
事例　　4
事例の抜粋1　　**28**, 30
事例の抜粋2　　**59**, 66, 82
事例の抜粋3　　**66**, 82
事例の抜粋4　　**76**, 78
事例の抜粋5　　**82**
身体感覚　　95, 119
進展期　　119, 134

信頼感　125
心理的問題　34, 169, 170
図1　9, **10**
図2　29, **30**, 54, 103, 114
図3　**38**
図4　**41**
図5　42, **43**, 44
図6　**49**
図7　**53**
図8　55, **56**
図9　**74**
図10　79, **80**, 108
図11　**103**, 113
図12　**108**
図13　111, **112**, 144
図14　**114**, 152
図15　144, **145**
スーパーバイザー　4, 16, 17, 147
スーパービジョン　5, 16, 19, 144, 146
ずれ　88, 89
生育歴　33, 39, 136
精神分析　140
責任　92, 167
責任の負い方　11
責任範囲　167, 168
セラピスト・フォーカシング　120, 146-154
前意識　87

た行

対決　72
体験　**94**
　　──の水準　153, 154
体験的応答　57-59, 61, 79, 80, 111, 142
　　──の原則　73
体験的軌道　59, 73, 75, 80, 135
体験的距離　92, 103, 109, 110, 121, 135
　　近すぎる──　103, 105, 113, 114, 137
　　適度な──　115, 116, 130, 137
　　遠すぎる──　103, 104, 114
体験内容　96, 106, 108, 109, 135
　　──への働きかけ　71, 108
体験様式　71, **95**, 96, 102, 106, 108, 109, 122, 135
　　──を整える　109
　　外罰型の──　97, 99
　　回避型の──　97, 98
　　希薄型の──　96, 97
　　混乱型の──　100, 101
　　自責型の──　100, 101
　　辛苦型の──　99, 100
　　知性化型の──　97, 98
　　無力型の──　100, 101
対象化　46, 57, 111
対人恐怖　88
態度　43, 46, 84
滝川一廣　81
田嶌誠一　65, 95
譬え　137
近田輝行　102
注意の仕方　77
注文をつける能力　65
追体験　47, 57, 74, 110, 115, 141, 142
　　──の姿勢　74
鶴田和美　170
電子メール　84
電話　85
土居健郎　163
投影性同一化　140
同害報復　70
統合失調症　95
導入期　24, 119, 133, 136
徳田完二　95, 106
トラウマ（心理的外傷）　63
トレーニング　20

——的な学習　21

な行

内面的問題　170
内面との対話　138
内面への向き合い方　106
成田善弘　72
成瀬悟策　95
西澤哲　63
西平直　161
二者関係　53, 55, 62, 63, 65, 66, 70, 81, 82, 92, 143
——の話題　64-66, 68
認知　95, 119
ノンバーバルな表出　84, 86, 112
ノンバーバルな要素　86

は行

箱庭　105
働きかけ　71, 73, 75, 77, 79, 81, 91, 114, 179
発達障害　63
判断を伝える　35
非対称的交流　72, 73
比喩　75, 93
表1　**21**
表2　**46**, 56
表3　**117**
表4　145, **146**
表5　**149**
描画　77, 105
表情　43, 84-87, 90, 180
——の表出　90
不安　62, 68
フェルトセンス（感じられている意味感覚）　96, **113**, 141, 142, 159, 160, 163
フォーカシング　95, 102, 113, 120, 135, 141, 147, 172

服装　85
不信感　62
不適応　66
不満足　69
フラッシュバック　63
ふるまい　84
雰囲気　43, 84, 85, 138, 180
文脈　79, 171
　クライエントの——　171, 172
分離個体化理論　57
保護者　49
ほど良い母親　57

ま行

マーラー　57
増井武士　27, 28, 106, 115
窓　98
「間」を活用する方法　106
見立て　34
身ぶり　85
ミンデル，エイミー　77
明確化　75
　問題の焦点の——　75, 78, 79, 109
明示的　46, 59, 159
　——な意味　74, 112
模索期　119, 134, 136
モニター　181
モニタリング　55
問題感　26

や行

矢印A（原苦慮がクライエントに訴えているもの）　29, 30
矢印B（原苦慮へのクライエントの姿勢・態度）　29, 30, 54, 103, 114
矢印C（主訴＝クライエントの他者への表現態度を含む）　30, 54
矢印D（カウンセラーの体感として感じ

られてくるもの）　30, 31
山中康裕　98
揺さぶられる能力　175
ゆとり　92, 93, 106, 110, 141
　カウンセラーの——　110

ら・わ行

来談者中心療法　58, 81
ラポール形成　40, 54
理論・技法　18

　——とのつきあい方　17
臨床的なねらい　107
ロジャーズ　57, 81, 91, 92
笑い　93, 138

A

Aさん　122, 169

著者略歴

吉良安之（きら　やすゆき）
1955年　生まれ
1985年　九州大学大学院教育学研究科博士後期課程満期退学
現　在　九州大学基幹教育院教授，博士（教育心理学）
　　　　九州大学キャンパスライフ・健康支援センター　学生相談室カウンセラー
資　格　臨床心理士，大学カウンセラー，Focusing Institute 認定コーディネーター
主　著　『学生のための心理相談』（共著，2001，培風館），『主体感覚とその賦活化』（2002，九州大学出版会），『学生相談シンポジウム』（共著，2006，培風館），『フォーカシングの原点と臨床的展開』（共著，2009，岩崎学術出版社），『学生相談ハンドブック』（共著，2010，学苑社），『セラピスト・フォーカシング』（2010，岩崎学術出版社）

カウンセリング実践の土台づくり
―学び始めた人に伝えたい心得・勘どころ・工夫―
ISBN978-4-7533-1087-6

著者
吉良 安之

2015 年 3 月 1 日　第 1 刷発行

印刷　新協印刷(株)　／　製本　(株)若林製本工場

発行所　(株)岩崎学術出版社　〒112-0005　東京都文京区水道 1-9-2
発行者　村上　学
電話 03(5805)6623　FAX 03(3816)5123
©2015　岩崎学術出版社
乱丁・落丁本はおとりかえいたします　検印省略

セラピスト・フォーカシング――臨床体験を吟味し心理療法に活かす
吉良安之著
第一人者が紹介するフォーカシングの新展開　　　　　　　本体2500円

フォーカシングの原点と臨床的展開
諸富祥彦編著　伊藤研一・吉良安之・末武康弘・近田輝行・村里忠之著
第一人者たちが論じる哲学的原点とその臨床　　　　　　　本体3800円

エビデンスにもとづくカウンセリング効果の研究
M・クーパー著　清水幹夫・末武康弘 監訳
クライアントにとって何が最も役に立つのか　　　　　　　本体3600円

改訂 ロジャーズを読む
久能徹・末武康弘・保坂亨・諸富祥彦著
新訳に合わせ，待望の改訂版　　　　　　　　　　　　　　本体3400円

カウンセリングと心理療法――実践のための新しい概念
C・R・ロジャーズ著　末武康弘・保坂亨・諸富祥彦共訳
ロジャーズ主要著作集・1　　　　　　　　　　　　　　　本体7000円

クライアント中心療法
C・R・ロジャーズ著　保坂亨・諸富祥彦・末武康弘共訳
ロジャーズ主要著作集・2　　　　　　　　　　　　　　　本体6300円

ロジャーズが語る自己実現の道
C・R・ロジャーズ著　諸富祥彦・末武康弘・保坂亨共訳
ロジャーズ主要著作集・3　　　　　　　　　　　　　　　本体6200円

癒しと成長の表現アートセラピー
小野京子著
楽しく学べる総合的なアートセラピーの格好の入門書　　　本体2500円

事例で学ぶアセスメントとマネジメント――こころを考える臨床実践
藤山直樹・中村留貴子監修
様々な職場で信頼される心理士になるために　　　　　　　本体2300円